中山大学MTA课程讲义

九州十里系列丛书（二）

全国博士后创新中心（江门）示范中心开平分中心资助成果

特色旅游小镇案例解析

彭耀根　著

人民日报出版社

北京

图书在版编目（CIP）数据

特色旅游小镇案例解析 / 彭耀根著 . -- 北京：人民日报出版社 , 2022.12
　ISBN 978-7-5115-7605-7

Ⅰ.①特… Ⅱ.①彭… Ⅲ.①小城镇－旅游资源开发－案例－中国 Ⅳ.① F592.3

中国版本图书馆 CIP 数据核字 (2022) 第 230430 号

书　　名：特色旅游小镇案例解析
　　　　　TESE LUYOU XIAOZHEN ANLI JIEXI
著　　者：彭耀根

出 版 人：刘华新
责任编辑：林　薇　陈　佳
装帧设计：元泰书装

出版发行：人民日报出版社
社　　址：北京金台西路 2 号
邮政编码：100733
发行热线：(010) 65369509 65369512 65363531 65363528
邮购热线：(010) 65369530 65363527
编辑热线：(010) 65363486
网　　址：www.peopledailypress.com
经　　销：新华书店
印　　刷：河北信德印刷有限公司
法律顾问：北京科宇律师事务所 010-83622312

开　　本：880mm×1230mm　　　1/32
字　　数：150 千字
印　　张：7
版　　次：2023 年 1 月第 1 版
印　　次：2023 年 1 月第 1 次印刷

书　　号：ISBN 978-7-5115-7605-7
定　　价：49.80 元

操盘手的困惑和自觉

我在思考旅游业"混合型发展模式"问题的当口，收到业内小友彭耀根为其新作写序的邀约。读到耀根的书稿时，感到他的困惑正好源自旅游产业发展的"混合型模式"本身，他在操盘旅游项目时的困惑，也是我在思考"混合型发展模式"时的困惑。本书立足旅游产品层面的思考和立足产业层面的思考完美对应，那就是"思考互鉴"。借此小序感谢耀根来自实践的启发和思考，使我从一些熟悉的旅游项目案例中看到开放性复盘的思考魅力。

从年轻旅游操盘手的思考和困惑中，我仿佛看到了公司董事会投资旅游项目时的争论场景，资本方、项目方、资源方意见分歧，决策者举棋不定举票难投；又像是政府常务会在协调推进旅游项目开发时，规划、国土、环保、发改等都表达原则支持，但最关键的土地政策等要害问题却与现行政策相违背，人人紧盯拍板者，希望果断表态；其中读到的典型场景，还是操盘者在项目上日日面对的企业与地方发展的关系、景区与社会的关系、政府与企业的关系，躲不开的"常发事件"，以及一些尖锐的矛盾场面。基于此，我们从大的发展规律上认识到纷繁的案例所呈现的本质，是旅游发展和地方发展的关系，是经济发展和社会发展的关系，是旅游业综合性所决定的"旅游产品的依托性""旅游项目的依赖性"，是"旅游开发中多方利益相关者的协调性"。宏观理论证明"旅游业"综合性特点越突出，产业项目实践就越会受到"综合性"的反制，复杂度、协调度同比提升。这是旅游业特殊的产业逻辑，成败得失皆因为此。

所以总结旅游案例，由单一维度展开分析永远说不清楚。本书作者对多维度的相互作用体悟真切，一方面困惑于旅游是什么，一方面努力探索"三元结构"和"四元结构"。而在复盘的案例中，可以看到至少有五个维度的逻辑在共同作用：资源的逻辑、资本的逻辑、经营管理的逻辑、地方政府发展和政绩的逻辑、当地居民生存生活发展的逻辑。每个维度都按照本逻辑，评价项目的是非成败、功过得失。所以，创意成功的项目突然被曝为环境损害的反面案例；市场成功的产品因为当地居民提出新的权益要求最终"关张大吉";一些投资巨大的旅游项目 SWOT 分析得好好的,钱砸下去市场就是不认你;结合城镇化改造、乡村振兴、地方环境提升这些大战略而推动的各类旅游综合体、旅游休闲区,抽离房地产因素,能"裸赢"的项目寥若晨星。静态的"利益一致"是不存在的,具体项目推进中各方都在调整诉求,其中只有目标最大的一方有包容能力进行全方位思考,而成功的合作中,也常有超俗的一方或几方能够克制眼前利益以期成就更远的目标。所以多维度的逻辑理解同一个项目解决同一个问题,对人的思维格局和思维能力是有更高要求的。站在一方立场上,"屁股决定脑袋",认知水平当然上不去;不过让自己的认知在不同的维度之间来回切换,搁谁都会有晕的时候,本书的作者在行动时的困扰和思考时的困惑就是这种切换的"晕车反应"。

这本书稿读起来有意思,还在于理解和欣赏操盘手的独立性思考。

旅游项目的"四元结构"和"五维逻辑"中,并不包括操盘手。操盘手不是一个独立的角度,其或是资本方的延伸代理人,或是经营方的经理人,又或是资源方的委托人,或者干脆是政府方代表。操盘手甚至不需要更多思考,执行好就好,以项目为标的对委托者负责。但是作为职业经理人和行家里手,很多操盘手都不自觉陷入一个"完美产品陷阱",内生出一种"要做拿得出手的作品"的精神动力,竭尽所能呈现一个"精品"。为了做成事,想方设法解决困扰,经常进行"超范围思考"，积极主动给老板"建议"，希望智者识货，伯乐常在。关于操盘者在产业中的生态，我们经常听到两种声音，一是说做项目"钱不是问题，操盘人才稀缺呀"，一是说"千里马常有，伯乐不在呀"。平心而论，勤动手敢出手的旅游产品专业人才真的很少，这是一个以综合知识＋专业眼光＋实战经验为核心价值的技术要素载体，这个技术要素载体的短缺最能反映旅游行业不够成熟不够强大。本书作者提出操盘手成长的三个阶段也很有意思，可以看作是行业操盘手们的理想，从产业发展看这个理想正当其时，值得肯定。文旅发展经历了大资源时代、大资本时代、大行政时代，但是随着高质量发展时代的到来，随着房地产逻辑的逐步退潮，旅游业的产品价值最终还是要回归到旅游市场的需求逻辑上来，技术要素的价值会刚性增长，"技术要素的大时代"将更有利于操盘手们实践理想实现梦想。本书作者从现在的角度和位置，做出多角度的思考：一是立足实战，尊重实践，既务实，更求真，不辞上下求索；二是"入局深""投入诚"。

当然，这本书稿的价值还在于归纳在案例中的一些专业思考。

前面说到的文旅项目的"四元结构"特色，在总结案例是"成"或者是"废"中，都自我证明了不能满足"四元结构"，"事情的运行机制无法成功搭建，单纯靠人力去推动，效率也会大大降低"。还有关于"旅游项目的长期性和非标性两大基础特征"的认识是真心的，每个"在地旅游产品"都是一次唯我的

"就地创造"，没有经济社会自然条件完全相同的两个项目，非标产品不适合"复制""粘贴"，这也正是打造旅游产品有挑战和有魅力的地方。再一点，我觉得本书和相关机构提出的"70°景区的概念"相契合，跟随这个概念还能相应地提出一套"项目筛选标准"，建立起一个投资的"评估模型"，这也是很用心的了。最后，在 C 镇项目中对土地政策的梳理和当地政府的解决方案，值得政策研究者关注；对于旅游景区规划对其他规划的遵循，理解的是正确的；对于旅游规划和策划的关系，也是把住了重点；对于乌镇的商业模式和文化模式的总结，比过去很多总结要深入细致，得其精华。这样的"价值点"书中不少，相信同行们会有所获。

杜一力

原国家旅游局党组成员、副局长

辛丑年三月于北京

序二

我与老弟二三事

　　2021 年 3 月 C 古镇管委会顾问彭耀根老弟来雄安新区看我，带来了他最新的研究成果《特色旅游小镇案例解析》，并请我为其写序。听闻此讯，我当下是有些犹豫的，作为干了 20 多年金融工作的银行人，对于旅游行业应该说是个门外汉，要为这样的专业文章作序，恐会贻笑大方。后一想，万事万物是互通的，跳出旅游看旅游，也许能碰撞出一些火花，也能提出一些建议。于是我开始认真地研读耀根老弟的研究成果，就从与他认识、对本文框架和内容的理解及建议这几个方面来谈谈吧。

认识耀根老弟的机缘是我当时正牵头研究"银行业如何更好地服务幸福产业（旅游、文化、体育、健康、养老、教育培训等）"这一课题，制定六个行业营销指引。旅游业作为幸福产业之首，在国民经济社会发展中的功能和作用日益凸显，近几年（剔除新冠影响的 2020 年）旅游业综合贡献均占 GDP 的 11%。同时旅游业是个内涵外延都很丰富的行业，因此除整体分析以外，我选择了特色小镇旅游目的地来进行案例研究——查阅关于乌镇的相关资料，去古北水镇现场进行调研。后听说广东江门正打算开发另外一个古镇项目，立刻产生了一探究竟的想法。于是 2017 年 3 月，我带队实地探访了广东江门 C 小镇，与负责该项目的团队进行了座谈，并与团队负责人耀根老弟相谈甚欢，一见如故。当时印象最深的是，他有一个长长的卷轴，记录的就是 C 古镇土地及资产开发全流程图，一位做旅游开发的专业人士如数家珍地谈着如何协助政府做好规划、拆迁、土地收储、居民安置等工作，当时还有些不理解，结合自己在雄安近 4 年的工作经历，也就明白了。每个行业或项目的运作成功与否，都将受到多种因素的影响，政府因素就是其中很重要的因子。耀根老弟的书中说的"旅游目的地开发'政策性门槛多、投资回收期长、开发环节点多面广线长'的三个源头问题不解决，将阻碍大资本进入，从而阻碍这个行业做大做强"，想来也是这些年他实际运作旅游项目过程中的有感而发吧。然则这些年耀根老弟在认清生活真相的同时还能一直激情澎湃地推动着自己的事业和项目往前走，同时静下心来把自己或成功或失败的工作案例总结出来，这都是值得钦佩的。

言归正传，谈谈《特色旅游小镇案例解析》这篇研究成果。正文共五章，第一章旅游项目选址与影响因子，通过笔者所在团队亲身参与的项目，即C古镇、广东珠海黄杨山项目、湖南韶山旅游项目和浙江诸暨合作项目以及泛指的70°景区旅游项目来分析项目选址的影响因素，提出了影响选址的两类客体因素和三类主体因素。第二章操盘手眼中的旅游景区规划，这一章是实战中提炼升华的经验，值得借鉴学习。业态规划是以C古镇为例，另外详尽分析了KP碉楼与村落规划案例和大别山露营公园案例，其结论也是很中肯的，作为操盘手或操盘团队，不但要看得懂规划，还要能超越编制单位，能用上规划，这样才有利于科学决策，最终有利于项目发展。第三章大型旅游项目驱动下土地供给模式创新——C古镇项目的历时性分析，推荐读者细细品味这个章节，皆是耀根老弟这些年运作本项目历经酸甜苦辣、摸爬滚打实战出来的感悟，有很多创新的路径和方法。第四章寻找古镇产品的商业与文化价值规律，本章节以乌镇为例，根据六要素理论，以吃住行游购娱为载体发现规律，并进行定量分析和定性描述来论证此规律，借以指导业态分类、数量、布局的组合设计和以文化价值嬗变的路径来指导宣传推广工作。第五章一个职业经理人视角下的凤凰"门票门"事件，读到此章节的时候，感觉被带入当时改革和创新的场景里，是政府党政主要领导和核心经营主体尝试凤凰古城下一步发展的过程，不回避问题进行客观的思考，并提出转型的意见，体现了耀根老弟作为一个职业经理人做人做事认真负责的态度。

最后提一点小建议，期待耀根老弟给中山大学 MTA 授课时，能以此案例集为蓝本，栩栩如生、深入浅出地将自身运作的项目像讲故事一样讲给学生们听，讲述故事越生动，越有助于学生们深刻领悟背后的理论。也期待耀根老弟的案例集接着出第二辑、第三辑。

胡敏

时任中国农业银行雄安分行副行长

二〇二一年四月二十日

CONTENTS
目　录

第一章　旅游项目选址与影响因子

第二章　操盘手眼中的旅游景区规划

第三章　大型旅游项目驱动下土地供给模式创新
——C 古镇项目的历时性分析

第四章 寻找古镇产品的商业与文化价值规律

第五章 一个职业经理人视角下的凤凰"门票门"事件

第一章

旅游项目选址与影响因子

1.1　前言

在探讨旅游企业应如何选投旅游项目问题之前，我们需要厘清几个基本前提：

本章研究不专门针对主题公园类景区，但又绕不开类似于主题公园形态的其他旅游景区、旅游目的地及旅游项目。

本章试图站在客观中立的角度，审视拥有不同资本属性或不同资源属性的权利人选择旅游项目的方法。

本章期望解决商业市场主体负责人或其代理人在旅游项目选择上的某些困惑，为他们提供一定的帮助。

旅游项目开发是一个系统工程，是资源配置的直接结果。项目开发若以成功落地与运营为导向，则应充分考虑区域开发的大环境。旅游项目开发不是孤立的"资本—资源"二元结构，而应是"资本—资源—技术"三元结构，乃至是"资本—行政资源—可供开发资源—技术"四元结构。

只有满足事情平台上各主体的诉求，一件事情才能做成。否则，事情的运行机制无法成功搭建，单纯靠人力去推动，效率也会大大降低。旅游项目所在区域及其地方政府主体的基本诉求是"不求所有但求所在"，其次是"税收和就业"，最后是"国际影响力"。另外，资本诉求则在于成功退出并实现利益（效益）最大化。但是，旅游项目的周期很长，各主体以什么方式退出？在什么时间节点上退出？而接盘者出于什么考虑才接手项目？这些问题在文旅产业资本市场上仍旧是一个黑洞。

立足于以上五点，回归到本章节最本质的问题，即旅游项目如何选址？选址的依据是什么？

1.2　研究对象界定

1.2.1　旅游景区

根据《旅游区（点）质量等级的划分与评定》（GB/T 17775-2003）的定义，旅游区（点）是指具有参观游览、休闲度假、康乐健身等功能，具备相应旅游服务设施并提供相应旅游服务的独立管理区。该管理区应有统一的经营管理机构和明确的地域范围，包括风景区、文博院馆、寺庙观堂、旅游度假区、自然保护区、主题公园、森林公园、地质公园、游乐园、动物园、植物园及工业、农业、经贸、科教、军事、体育、文化艺术等各类旅游区（点）。

旅游景区是旅游业的关键要素，是旅游产品的主要形式，是旅游产业链中的核心环节，是旅游消费的吸引中心，是旅游产业面的辐射中心。按旅游资源类型划分，旅游景区可划分为主题公园类景区、自然景观类景区、人文景观类景区、复合景观类景区。

1.2.2　旅游目的地

旅游目的地，是指能够吸引一定规模的旅游者，并能满足其特定旅游需要的各种旅游设施和旅游服务的空间集合[①]。旅游景区是最小单元的旅游目的地。

1.2.3　旅游综合体

旅游综合体，也称"休闲综合体"或"度假综合体"，是指基于一定的旅游资源与土地基础，以旅游休闲为导向的土地综合开发[②]。它以互动发展的游乐体验项目、度假酒店集群、综合休闲项目、休闲地产社区为核心功能构架，形成整体服务品质较高的旅游休闲聚集区。旅游综合体是一个泛旅游产业聚集区，也是一个旅游经济系统，并有可能成为一个旅游休闲目的地。

1.2.4　旅游项目

旅游项目，是指在一定时期内和在一定预算范围内，为满足旅游活动的配套需求，或为完成旅游业开发目标而投资建设

---

①　王晨光.旅游目的地营销 [M].北京：经济科学出版社，2005.
②　吴必虎，徐婉倩，徐小波.旅游综合体探索性研究 [J].地理与地理信息科学，2012(6):96-100.

的项目，包括景区景点项目、饭店建设项目、游乐设施项目、旅游商品开发项目、旅游交通建设项目、旅游培训教育基地项目等，涉及食住行游购娱多个方面，贯穿旅游业发展的整个过程[①]。

　　根据不同的投资、建设和运营主体，旅游项目可划分为多个类型。而一个大型旅游项目往往包含多个子项目，例如，一个旅游度假综合体可能成为一个旅游项目，而该旅游度假综合体包含了多个子项目，如景区、酒店、餐饮、游乐设施等。它们的投资、建设、运营主体可能相同，也可能不同。

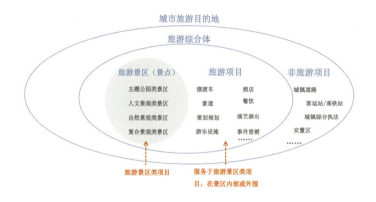

图 1-1　不同旅游开发对象的关系示意图

图片来源：笔者自绘

　　从旅游企业投资的角度来看，旅游企业投资的项目类型可能是一个综合性的旅游度假区，也可能是某个或多个旅游目的

---

① 　陈安泽.旅游地学大辞典[M].北京：科学出版社，2013.

地或旅游综合体中食住行游购娱中的任一环节。本章研究范围内的旅游项目选址，主要指景区旅游目的地、旅游综合体或旅游景区类项目的选址，如古镇（村）、主题公园、自然观光景区等，不包括酒店、索道交通等非景区类型的单体项目。

1.3　旅游景区分布和旅游项目选址特征

1.3.1　国内 5A 和 4A 级景区分布特征

从地理分布来看，我国 5A 和 4A 景区的分布现状与胡焕庸线基本吻合，在东部和南部经济发达或资源丰富地区分布较为集中。其中，5A 级景区最多的省级行政区主要为江苏、浙江、河南、四川、新疆、广东；4A 级景区最多的省级行政区主要为安徽、山东、北京、湖北、河南、广东。

从分布类型来看，5A 级景区以自然、人文和复合类景区为主，主要分布在旅游资源丰富的地区。其中，主题公园类较少，集中分布在东部沿海经济发达地区。自然类资源型省级行政区主要为新疆、河南，人文类资源型省级行政区主要为北京、江苏、浙江，复合类资源型省级行政区主要为江苏、江西、山东、安徽，主题公园则主要分布在江苏、山东、广东等省级行政区。

1.3.2　重点企业旅游项目开发模式与选址特征

1.3.2.1　华侨城集团

华侨城集团长期以来一直是我国主题公园领域的领军企业，在 2019 年度 TEA 全球主题公园集团排名中以 5397 万 / 年客流量，位列世界第三、中国第一。旗下旅游项目较多，以"旅游 + 地产"综合性开发为主要开发模式，此类开发模式可获取大量的建设用地，并大大降低了土地成本，良好的配套也给地产带来了更多的溢价空间。

目前华侨城投资运营的旅游项目类型覆盖微缩景观型主题公园、互动游乐型主题公园、生态旅游度假区、都市娱乐目的地、特色小镇和美丽乡村等，大多配套一定体量的地产开发来实现资金平衡和整体盈利。

开发模式决定了落位选择，华侨城集团旗下投资额较大的主题公园类型项目主要分布在华东、华南、华中地区，依附于一、二线经济发达城市。其他投资强度较低的文旅综合开发项目则位于三线及以下城市。

1.3.2.2 宋城演艺

宋城演艺是旅游演艺的龙头企业，经过多年探索，形成以"千古情"系列旅游演艺为核心，以主题景区为外围场景的产品体系，采取"轻重结合"的模式在旅游目的地进行项目拓展。一般在大客流的全国性旅游目的地采用重资产自投自营，在区位较差的旅游目的地采用轻资产输出获取收益。

宋城演艺旗下旅游项目选址呈现出与国内知名旅游项目地共生、伴生乃至寄生的特征（见表 1-1）。这种落位选择与其产品特性有直接关系，"千古情"系列演出只是一种旅游体验项目，外围的主题景区投资规模较小，娱乐性较低，所以这种产品组合很难成为旅游目的本身，必须依附于大流量旅游目的地的客流转化。宋城演艺在旅游演艺领域和文旅项目运营方面拥有全国领先的商业经营能力。

表 1-1　宋城集团旗下旅游项目统计

项目所在地		旅游项目
浙江	杭州	《宋城千古情》
		杭州宋城景区
		杭州乐园
		杭州《烂苹果》乐园
		杭州浪浪浪水公园
	龙泉山	宋城龙泉山旅游区

项目所在地		旅游项目
海南	三亚	三亚千古情景区
		大型歌舞《三亚千古情》
		三亚冰雪世界
		三亚彩色动物园
云南	丽江	丽江千古情景区
		大型歌舞《丽江千古情》
		大型实景演出《丽江恋歌》
		大型藏族原生态歌舞《藏迷》
广西	桂林	桂林千古情景区
		大型歌舞《桂林千古情》
四川	九寨	九寨千古情景区
		大型歌舞《九寨千古情》
湖南	宁乡	大型歌舞《炭河千古情》
		炭河古城
	张家界	大型歌舞《张家界千古情》
陕西	西安	大型歌舞《中华千古情》
山东	泰安	大型歌舞《泰山千古情》

1.3.2.3 华强方特集团

华强方特集团是发展速度最快的主题公园企业，在 2019 年度 TEA 全球主题公园集团排名中，以 5039 万 / 年客流量位列世界第五、中国第二。其商业模式与美国迪士尼略有相似，以"IP 打造＋影视输出＋乐园运营"为主，目前乐园全部采用轻资产输出模式，以品牌和 IP 输出、规划设计、数字内容输出、硬件设备输出、乐园工程建设等作为主要收入。华强方特的原创 IP 尤以《熊出没》系列最为知名，创下了 7.14 亿元的票房纪录。

方特乐园 2007 年从三线城市安徽芜湖起步，目前已在全国投入运营"方特欢乐世界""方特梦幻王国""方特东方神画""方特水上乐园"四大品牌共 20 余个主题乐园，至 2022 年 7 月，已有 33 个主题公园在全国运营，还有 10 个乐园在建或签约拟建。由于其最初以多媒体数字游乐设备和智能化设备研发与输出起步，技术能力扎实，大量游乐设备为自研自产，大大降低了主题公园投建成本。这一核心能力优势使方特系列乐园选择避开一线城市的残酷同业竞争，下沉至我国二、三线城市市场，甚至可达五线城市（如嘉峪关项目）。在差异化竞争下，最大限度地获取游客、快速提高市场占有率。

表 1-2　华强方特主题公园项目汇总

已建成方特主题公园				
序号	城市	主题公园名称	开业时间	投资方式
1	重庆	重庆金源方特科幻公园	2006 年 4 月	合作
2	芜湖	芜湖方特欢乐世界	2007 年 10 月	自主
3		芜湖方特梦幻王国	2010 年 12 月	
4		芜湖方特水上乐园	2014 年 6 月	
5		芜湖方特东方神画	2015 年 8 月	合作
6	泰安	泰安方特欢乐世界	2010 年 5 月	
7	汕头	汕头蓝水星方特欢乐世界	2010 年 1 月	

		已建成方特主题公园		
序号	城市	主题公园名称	开业时间	投资方式
8	青岛	青岛方特梦幻王国	2011 年 7 月	自主
9	株洲	株洲方特欢乐世界	2011 年 9 月	
10		株洲方特梦幻王国	2016 年 8 月	
11	沈阳	沈阳方特欢乐世界	2011 年 10 月	
12	厦门	厦门方特梦幻王国	2013 年 4 月	
13		厦门方特东方神画	2017 年 4 月	
14		厦门方特水上乐园	2017 年 6 月	
15	郑州	郑州方特欢乐世界	2012 年 6 月	
16		郑州方特水上乐园	2014 年 7 月	
17		郑州方特梦幻王国	2015 年 7 月	
18	天津	天津方特欢乐世界	2014 年 7 月	
19	嘉峪关	嘉峪关方特欢乐世界	2015 年 4 月	合作
20	济南	济南方特东方神画	2015 年 4 月	
21	宁波	宁波方特东方神画	2016 年 4 月	
22	洛阳	洛阳华夏文明第一河公园	2016 年 4 月	
23	大同	大同方特欢乐世界	2016 年 7 月	合作
24	南宁	南宁方特东盟神画	2018 年 8 月	
25	长沙	长沙东方神画	2019 年 7 月	
26	嘉峪关	嘉峪关丝路神画	2019 年 7 月	
27	邯郸	邯郸国色春秋	2019 年 8 月	
28	荆州	荆州东方神画	2019 年 9 月	
29	赣州	赣州复兴之路公园	2021 年 6 月	
30	太原	太原东方神画	2021 年 5 月	

已建成方特主题公园				
序号	城市	主题公园名称	开业时间	投资方式
31	自贡	自贡恐龙王国	2022年6月	
32	绵阳	绵阳东方神画	2020年7月	
33	台州	台州动漫主题公园	2022年7月	

拟建设及建设中主题公园		
序号	城市	主题公园名称（暂定名）
1	昆明	昆明华夏文明公园
2		昆明复兴之路公园
3	郑州	郑州复兴之路公园
4	宁波	宁波复兴之路公园
5		宁波明日中国公园
6	安阳	安阳殷商神画
7	淮安	淮安复兴之路公园
8		淮安熊出没乐园
9	菏泽	菏泽熊出没乐园
10	商丘	商丘动漫主题公园

1.3.2.4 Z投资公司

Z投资公司在全国投资和收购的景区已达20余个（见表1-3），广涉自然景区、古城古镇、海洋馆、主题公园等旅游休闲的各个领域，重点布局于核心客源地及全国优质资源所在地，以全国各大城市群为项目首选地。但从Z投资公司直接或间接控股的旅游项目类型来看，旗下旅游项目的类型和选址未显示可循的科学规律，甚至存在布局混乱、战略缺失以及缺乏长期的指导思想和可供遵循的商业价值规律等问题，是较为典型的机会主义者。

表1-3　Z投资公司旗下旅游项目统计

类型	省份	项目
自然人文景区平台	河北	涞源白石山
	河北	承德兴隆山
	河北	蔚县暖泉古镇
	河北	武安东太行
	湖南	通道万佛山
	广西	金秀莲花山
	四川	四川卧龙
滑雪度假	河北	承德滑雪
古镇休闲	广东	C古镇
	广东	KP碉楼
主题公园	北京	北京海洋馆
	山东	烟台水公园
成熟景区	陕西	陕西旅游
	贵州	荔波文旅

1.3.2.5 乌镇团队

乌镇团队借鉴"乌镇模式"的影响力，在全国布局轻资产或少数股权项目，重点打造旅游休闲度假综合体（见表1-4）。乌镇团队的项目选址主要考虑三个核心条件：第一，交通和客源区位；第二，政府配套政策和行政资源；第三，旅游资源的唯一性潜力。

表 1-4　乌镇团队旗下旅游项目统计

景区	时间节点	投资规模	定位	资源特性
北京密云：古北水镇	2010 年签约开建，2014 年十一试营业	约 9 平方公里规划用地，43 万平方米建筑面积，总投资超 45 亿元	文化度假区，打造平台式的文化空间	以世界文化遗产司马台长城为背景新造旅游景区
浙江嘉兴：濮院古镇	2013 年签约，2015 年施工，约 3500 户征迁	约 1.61 平方公里规划用地，约 45 万平方米建筑面积，总投资约 57 亿元	旅游休闲度假区	羊毛衫市场闻名遐迩
浙江嘉兴：盐官古城	2016 年签约，2017 年施工，超 3000 户征迁	约 0.96 平方公里规划用地，70 万平方米建筑面积，预计投资 40 亿元	旅游休闲度假区	拥有天下奇观钱塘江大潮
江苏宜兴：窑湖小镇	2017 年 10 月签约	约 1800 亩规划用地，预计投资 130 亿元	紫砂生活旅游休闲度假区	紫砂之都
广东 K 市：C 古镇	2014 年签约，2018 年施工，近 4000 户征迁	一期工程约 1800 亩规划用地，55 万平方米建筑面积，预计投资 60 亿元	华侨文化旅游休闲度假区	侨乡小镇，最完整骑楼街，世界文化遗产 KP 碉楼与村落所在地
济南章丘：明水古城	2017 年签约，2018 年施工	一期工程 430 亩规划用地，预计投资 200 亿元	国际泉水度假区	龙山文化发祥地，泉水生态文化标志区
贵州遵义：乌江村	2016 年开建，2018 年建成	总投资 25 亿元	国际综合旅游度假区	扶贫项目

1.3.3　小结

综上可归纳出重点旅游企业旅游项目选址的三种类型，即发达城市依附型、知名旅游目的地依附型和城郊旅游资源依附型（见表 1-5）。发达城市意味着高消费能力的客源、发达的交通网络和完善的基础设施配套，而知名旅游目的地代表着丰富的旅游资源、地域广阔的客源和成熟的旅游基础配套。

表 1-5　重点旅游企业旅游项目选址特征

重点旅游企业	旅游项目选址特征
华侨城集团	发达城市依附型
华强方特集团	
Z 投资公司	城郊旅游资源依附型
乌镇团队	
宋城集团	知名旅游目的地依附型

1.4 "4+1" 旅游项目的过程分析

本章节选取了笔者所在团队亲身参与的部分项目——"4+1"旅游项目，以呈现更多项目选址过程的细节。"4"特指四个具体项目，包括广东K市C古镇项目、广东珠海黄杨山项目、湖南韶山旅游项目和浙江诸暨合作项目；"1"泛指一类项目，即70°景区旅游项目。

1.4.1 广东K市C古镇项目

1.4.1.1 项目缘起及过程

2013年7月，Z投资公司电话征询笔者推荐可合作的旅游项目，并强调Z投资公司的市场化程度较高，任何合作模式均可商议。为此，笔者向Z投资公司推荐了广东K市C古镇项目，并强调了项目的三大优势和三大劣势。目前，这三大优势与劣势均得以验证或正在验证中。

（1）三大优势

第一个优势是 C 古镇拥有良好的交通区位和客源基础，具备打造大型综合休闲度假区的良好区位条件。广东省 K 市地处粤港澳大湾区腹地、珠江三角洲经济开发区内，2 小时车程范围内常住人口达 6964 万人，3 小时车程范围内拥有香港国际、广州白云、深圳宝安三大机场，2019 年客流总吞吐量超过 1.9 亿人次，客源基数大，消费水平高。同时，周边交通条件持续改善，港珠澳大桥、中开高速已经通车，深中通道、黄茅海大桥、广州第二机场等正在建设。

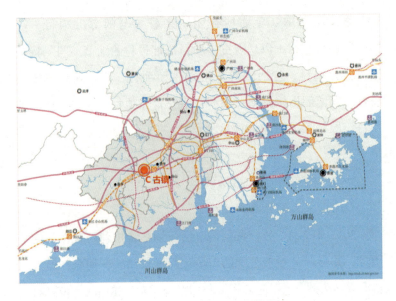

图 1-2　C 古镇交通区位图

广州
距 C 古镇 110 公里
常住人口 1881 万人
佛山
距 C 古镇 80 公里
常住人口 916 万人
中山
距 C 古镇 80 公里
常住人口 446 万人
珠海
距 C 古镇 100 公里
常住人口 246 万人
东莞
距 C 古镇 140 公里
常住人口 1053 万人
深圳
距 C 古镇 150 公里
常住人口 1768 万人

图 1-3　C 古镇客源市场分布图

数据来源：中经数据 .https://ceidata.cei.cn/jsps/Default

第二个优势是 K 市境内拥有世界文化遗产——KP 碉楼与村落，其品牌价值将随着时间的推移不断沉淀。KP 碉楼与 C 古镇的产品形态有优良的互补关系，即观光旅游在碉楼，休闲度假在古镇。因此，古镇旅游产业以世界文化遗产的战略招牌做背书，拥有灵活经营组合策略的可能。

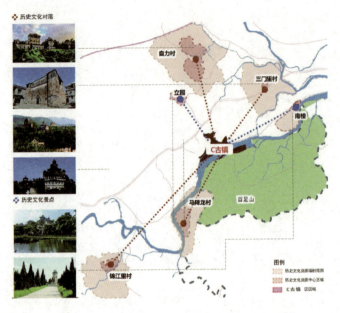

图 1-4　碉楼与村落、C古镇组合关系图

　　第三个优势是 C 古镇拥有较高建筑价值的骑楼和深厚的华侨文化内涵。相比海口、湛江、厦门、泉州、广州、汕头、福州等地的侨乡骑楼建筑群，C 古镇的骑楼是保存最完整、界面最连续、遗世而独立的骑楼建筑群。其他各地的骑楼建筑群要么是保存数量有限，要么是坐落在与城市生存于一体的历史街区，不能和 C 古镇一样相对独立而又保存完整。项目推进后经翔实统计，C 古镇拥有骑楼 569 栋，总占地面积 61243.45 平方米，总建筑面积 130225.87 平方米；拥有 19 栋省级文物保护单位，总建筑面积 13358.58 平方米；拥有 12 栋市级文物保护单位，总建筑面积 4531.1 平方米；并零星分布碉楼 16 座，家族图书

馆2座，教堂2座，祠堂2座。C古镇的根和魂在于华侨文化，华侨文化的载体正是这些珍贵的历史建筑群，这也是C古镇区别于其他古镇类项目的战略优势。

图1-5　C古镇骑楼建筑群

图片来源：方华琪拍摄

（2）三大劣势

第一个劣势是C古镇项目征收与搬迁规模大、阻力多、周期长。为了保证投资收益和可持续经营，C古镇项目须采用"产权清晰、边界完整、统一管理"的开发模式。而为了保证产权清晰，势必要对古镇实施整体征收与搬迁。经测绘和入户调查，C古镇项目征收工作涉及近4000户被征收户，包括公产和私产，私产又包括住宅、商业、工业、其他非住宅和空地等类型。无论从商业开发的角度，还是从文物保护的角度，国内很少实施过如此体量巨大且产权关系复杂的征收搬迁工作，其难度与阻力不言而喻。

第二个劣势是涉及大量高标准农田，建设用地指标缺乏。C古镇及周边几乎都是基本农田，甚至是高标准基本农田，而基本农田的调整与使用需要省政府和地方政府配置大量的行政资源及经历较长的调整周期才能实现。

第三个劣势是行政周期长，不可预见因素多。C古镇项目前期立项和许可过程中，涉及文物局、环保局、住建局、水利局、自然资源局、农业农村局等各个审批主体。同时，由于项目地处乡镇，许多专项规划暂时无法覆盖，因此需要从规划入手，应对各项审批问题。项目推进后，仅环保部分的水资源论证和广东鲂种质资源保护区调整便经历相当长的行政周期。这超越了资金和人脉关系的范畴，所涉及的是国家相关政策的执行和政府的运行机制等层面。

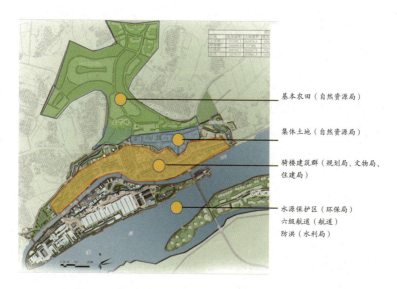

基本农田（自然资源局）

集体土地（自然资源局）

骑楼建筑群（规划局、文物局、住建局）

水源保护区（环保局）
六级航道（航道）
防洪（水利局）

图 1-6　C 古镇项目周边用地性质及涉及审批部门

1.4.1.2 项目推进结果

　　当时笔者和 Z 投资公司投资经理均无相关经验，因此 Z 投资公司对 C 古镇进行了大量的实地考察，并派出相关专家进行评估，一致认为 C 古镇项目很有优势但难度很大。经过半年沉淀和发酵，2014 年 5 月，围绕项目如何运作的问题，笔者提出邀请乌镇团队董事长陈 XH 来操盘项目，之后逐渐发展成为"资源＋资本＋智力"的三方合作模式，以 C 古镇和 KP 碉楼为核心资源，以 Z 投资公司为资本供给，以陈 XH 团队为智力支持。

1.4.1.3 项目总结及思考

　　综上，Z 投资公司作为涉足旅游产业的新兴资本，其旅游项目的选址还处在专家或行内人士推荐的初级阶段，项目选址的模型和指标并未建立。其中可能有两方面原因：第一，由于资本逐利或追求快速回报，Z 投资公司在旅游产业中缺乏长期战略；第二，操盘手不能把握行业发展与资本的关系，导致其引领性不足，但归根结底还在于旅游项目具有长期性和非标性两大基础特征。

1.4.2　广东珠海黄杨山项目

1.4.2.1 项目缘起及过程

珠海斗门区人民政府在编制黄杨山项目规划时，景区与投资方进行了一次连线对接，珠海黄杨山项目被推荐给了 Z 投资公司旗下的 ZJX 旅游投资开发集团有限公司（以下简称"ZJX公司"）。但是，ZJX 公司选择旅游项目的首要因素是资源而非区位，其特质是依据优质资源进行游步道再现，辅以传统方式进行推介宣传促销。因此，即使将拥有普通资源的黄杨山规划为小众的体育旅游休闲目的地，也无法引起 ZJX 公司在任决策者的兴趣。

图 1-7　珠海黄杨山项目规划示意图

　　而后，Z 投资公司董事总经理接管该项目，作为投资方决策人的代表，他认为：珠海黄杨山项目的优势在于土地，即使旅游项目本身全部亏损，只要政府能够配置足够多的平衡地，项目还是有可为之处。而投资方执行人则认为：第一，项目风险巨大，项目盈利能力建立在政府提供平衡地的基础之上，一旦政府提供的平衡地在节奏和条件上产生微小波动，项目将陷入不可预知的风险；第二，根据 Z 投资公司的决策风格和投资风格，项目起步投入资金将会很少，需要从银行融资并且跟投，但是银行融资的难度大，跟投风险也极高。综合起来，项目基本不可为。前任操盘团队则认为：珠海黄杨山项目可打造成为粤港澳大湾区内以体育为主题的综合度假目的地。投资方认同这个思路，并要求操盘团队拿出总体规划，但操盘团队彼时隶属 ZJX 公司，规划一直被搁置近两年也未完成。

2017 年 10 月，Z 投资公司消费部决定加速启动黄杨山项目，并调整项目前期工作小组，增加了投资执行人和业务对接人的力量，明确指出项目的可行与否不是由旅游和投资业务主体来决定，而是需要房地产业务主体来决定。而后，笔者接手该项目，在具体执行上做了以下几步：（1）不更换规划单位，但确定商务合同和规划交稿时间；（2）邀请斗门区委、区政府作为编制单位成员，并在北京召开研讨会，邀请区政府领导及有关部门负责人参会并充分交换意见；（3）正式向斗门区委、区政府汇报。三个步骤的基本逻辑是兵马未动，粮草先行，把企业的事务转变成政府的事务，先形成一个方案提供给政府去批判、使用和修改，而文旅项目的非标性是促使政府转变成为项目主导角色的底层逻辑。

另外，在制定与政府的沟通材料时，投资方提出并坚持打造汽车生活小镇的概念，并要求在材料中体现专门篇章。这引发了操盘团队一个深层次的思考，即拥有三流资源、一流市场的区域应如何做规划？投资方的意见是定性为建议呢，还是定性为要求？面对投资方的意见是采取参考还是遵从的态度？

1.4.2.2 项目推进结果

2017 年 11 月，笔者与团队向珠海市斗门区政府就项目总体规划进行了正式汇报。同时，珠海市斗门区政府对 C 古镇项目进行了实地考察，并与 C 古镇地方政府进行座谈交流，然后黄杨山项目便逐渐被搁置了，而投资执行人也消极应对。珠海黄杨山项目最终无法推进的原因有两个方面：第一，项目缺失清晰的盈利能力和商业模式；第二，投资执行人面临着较大的融资和跟投风险。

1.4.2.3 项目总结与思考

综上，珠海黄杨山项目在选址与前期推进过程中，存在巨大的争议和不合拍之处，这涉及两个问题：第一，资本的性质与企业的决策是相互作用和相互影响的，不同的项目类型应如何匹配不同性质的企业或资本？第二，文旅项目是否适合落地到所有地方？资源类、客源类、主题公园类或其他项目形式类的文旅项目，是否只要钱、人、地三者匹配，就能规划乃至落地？但强行规划和落地的意义何在？

1.4.3 湖南韶山旅游项目

1.4.3.1 项目选址缘起及过程

笔者应 Z 投资公司的要求，与韶山旅游集团联系并洽谈合作事宜。湖南韶山景区是全国十二个重点红色旅游区之一，其韶山领袖文化红色旅游资源具有唯一性与不可复制性，已具有庞大的旅游市场规模。据统计，2019 年韶山景区全年接待游客2568 万人次。然而，景区人流主要集中在毛泽东故居和铜像广场，存在优质资源分布散乱、经营管理落后、收入来源单一、过夜游客量少的问题。当地政府急于谋求转变，基于 Z 投资公司良好的资源整合能力，双方合作意愿较为强烈。商务洽谈期间，恰逢 IDG 资本熊晓鸽与导演张艺谋在韶山景区落地合作项目，拟联手打造"最忆韶山冲"文旅综合体项目，依托剧场建设商业综合体，将推动韶山从"瞻仰领袖故居"的红色旅游之地向休闲旅游目的地转变。总体来看，韶山项目具备较好的发展前景和合作基础。

2017 年 3 月，笔者提出"功夫在外、以藤结瓜、内提外拓"的项目合作思路，并形成 6 项具体合作事项（见表 1-6）。第一，"功夫在外"指核心区不动，合作范围锁定在外围；第二，"以藤结瓜"指以 800 万游客形成的交通流线为藤，以交通车所经之地打造项目为瓜；第三，"内提外拓"指内部提升换乘中心体验，完善配套商业功能，外部设点走出去，在附近热门景区设置接送点引入游客流。

表 1-6　湖南韶山项目具体合作事项

序号	合作项目	项目目标
1	全域旅游交通项目	双方成立合资公司，构建完善、便利、体验式的现代旅游交通，项目起点从北换乘中心出发，途经旅游集散地银田，串联核心景区、毛泽东小道、棠佳阁、黑石寨、天鹅山等景点
2	北换乘中心及旅游商业综合体项目	构建北换乘中心和建设旅游商业综合体完善景区周边服务商贸设施，带动旅游消费增长
3	怀旧主题古镇项目	打造富有地方文化特色的主题小镇
4	主题公园项目	以具有特色 IP 的主题公园为核心，打造包括主题乐园、海洋馆、水上乐园、主题酒店在内的四大产品板块
5	教育主题营地项目	以文化教育、科普宣传、研学旅游、红色旅游为特色修建主题营地公园
6	投资韶山旅游拟上市主体	共同推进韶山旅游上市

1.4.3.2 项目推进结果

韶山项目的规划内容和合作方式已超越文旅范畴，涉及交通组织、上市辅导、股权收购等金融和公司并购层面上的事务，最终也无实际进展。

1.4.3.3 项目总结与思考

综上，非标旅游项目涉及许多前置条件，且后期存在于较大的假设性和不确定性，不同于房地产项目只需要明确买房人群、消费能力、户型匹配等基础参数，后期前置有可预见的未来。因此，文旅项目选址不但要考虑项目和资金的匹配程度，还需要考虑后期涉及的各种不确定性。

1.4.4 浙江诸暨合作项目

1.4.4.1 项目选址缘起及过程

2019 年 7 月，笔者受光大金控邀请前去考察光大金控与诸暨市政府、枫桥镇政府的合作项目。在国家乡村振兴战略和全域旅游政策的大力号召下，助力"枫桥经验"向深化传播、代际传播、国际传播推进，光大金控与诸暨市人民政府携手发起"光大乡村康旅发展基金"，共同推动"诸暨项目"落地。项目规划在枫桥镇构建"三核一体"项目组团："三核"是指以"枫桥经验"为核心开展三大子项目，一是面向青少年客群，以"少年中国，国家营地"为主题的国家教育营地；二是面向中老年和家庭亲子客群，以"未来社区，康美乡村"为理念的乡村综合体；三是面向党政机关干部和企事业单位，以"客厅枫桥，全域诸暨"为设想的枫桥古镇集散中心。"一体"是指以"基层治理，全球影响"为理念的全球村镇长培训计划，逐步逐批选拔"一带一路"国家和民族的村镇长到枫桥游学、研学，深入学习枫桥经验这一基层治理经验，给既希望加快发展又希望保持自身独立性的国家和民族提供全新选择，为解决人类问题贡献中国智慧和中国方案。

1.4.4.2 项目推进结果

诸暨合作项目所规划的教育营地、康养社区和客厅枫桥等均为普通的商业项目，真正的目的是立足于文旅项目的募投计划和基金设立，但项目最终也未落地。

1.4.4.3 项目总结与思考

从理论上讲，光大金控提供给诸暨方的项目建议书是合理的、可行的。第一，项目符合国家的大方向和大政策，乃至为党的十九大报告中关于国家治理能力示范输出建立了抓手和落地途径，有一定的政治高度。第二，项目充分考虑到了当地，特别是合作主体即镇政府的利益诉求。第三，项目为光大金控发起乡村康旅基金提供了翔实的路径和可展望的前景未来。但项目最终未落地，个中缘由值得深思。

1.4.5 70°景区

1.4.5.1 概念提出

70°景区的概念由 Z 投资公司消费部总经理提出，是指有一定资源基础与客源基础，经过若干年发展，始终无法再上一个台阶或者无法突破瓶颈的一类景区，背后的原因是人才、资金、理念、技术等条件的缺乏。Z 投资公司认为，在跟随人才理念的大资本的催化注入下，70°景区有望达到 100°景区。

1.4.5.2 项目筛选

本节主要关注古镇、古村落 [以下简称"古镇（村）"] 休闲领域的 70°景区选址问题。

（1）筛选原则与指标

在进行 70°景区的项目筛选过程中，一般遵循以下六个基本原则：（1）全面评估，突出重点。对于一个项目旅游投资价值的评估，应从多方面完整地、系统地进行分析，避免以偏概全，同时突出旅游资源和交通的重要性，从根本上把握项目未来的走向。（2）建立评估模型，减少主观臆断（见表1-7）。确定项目筛选标准，建立评估模型，替代目前依靠专家推荐的方式。在进行首轮评估后再确定是否有必要开展第二轮评估、尽调和实地考察，减少人力物力的消耗。（3）扩大来源，避免挂一漏万。以网络信息和政府投资招商信息的收集为基础，充分采纳政府和专家推荐意见，扩大项目选择的信息来源。（4）全省普查，避开熟地。通过网络查询、电话访谈、实地调研等方式，以广东的5A、4A、3A级景区为切入点，逐一筛选，避开成熟的5A级景区，如广东长隆、深圳华侨城、世界之窗、深圳观澜湖、广州白云山、梅州雁南飞茶田、佛山西樵山、佛山长鹿旅游休博园等；避开美术馆、故居、纪念堂、动物园等综合开发潜力较小的景区，深入挖掘市场潜力较好的项目。（5）效益优先，兼顾公平。旅游项目投资周期长，资金需求量大，在选择投资项目时，应注重项目的回报率和经济效益。此外，在追求效益最大化时，也要考虑村民、政府等利益相关者的利益分配。有所取，有所不取，毕竟牺牲公平的效益追求将不可持续。（6）先后有序，循序渐进。项目筛选应试点先行，在积累初步经验的基础上迅速铺开。对备选项目也应进行归类统计，确定项目投资的优先顺序、投资周期等，分阶段开展。每个70° 景区必定有其独特性，可能共同的根源问题在于"钱、地、人"，但个性问题千差万别，在投资方的人才准备、思想准备和理论准备都不充分时，大面积铺开并不是可取之道。

为挖掘全国具有旅游投资价值的 70° 景区，创建项目投资备选数据库，为旅游项目投资决策提供客观依据，本文结合国家旅游资源评价标准、学界存在的古村落旅游资源评价体系、业界的一般旅游项目投资价值评价体系和团队的旅游项目投资经验，建立了古镇（村）旅游项目投资价值评估指标。指标体系满分为 100 分，古镇（村）投资价值品级的评定可分为五级，从高级到低级为：五级（90—100 分）、四级（75—89 分）、三级（60—74 分）、二级（45—59 分）、一级（30—44 分），未获评级（≤ 29 分）。70° 景区投资价值应达到三级及三级以上。

（2）筛选过程与结果

从 2016 年至 2017 年，笔者及团队选取了东莞市、广州市、佛山市、清远市、珠海市、江门市、中山市、深圳市 8 个城市的典型村落进行考察（见表 1-8），根据评估指标，东莞南社—塘尾明清古村落和佛山三水大旗头古村被挑选为立项申请项目。两个村落在区位、资源、政府和产权方面具有独特优势。

表 1-7　古镇（村）旅游项目投资价值评估指标

评估项目	基本要素指标	评价因子	评价依据
旅游资源禀赋（20）	旅游资源景观特色（5）	古镇/村落景观（5）	观赏价值
	规模度、丰度与概率（5）	建筑规模（5）	适宜开发的建筑数量
	资源影响力（5）	社会评价（5）	获得的荣誉称号等
	资源的完整性（5）	村落风貌完整度（5）	古村风貌保存的完整性
项目潜力（10）	资源可塑性（10）	复合型产品（5）	产品开发潜力和空间
		与周边联动（5）	与周边资源的组合程度
客源市场和区位条件（20）	客源市场（10）	客源市场结构（5）	市场结构合理性
		人口规模（5）	300公里内人口规模
	区位交通（10）	区域经济情况（5）	人均收入水平
		交通便利性（5）	距离城区车程时间
旅游开发利用现状（25）	旅游开发现状（15）	基础设施（5）	设施完善程度
		业态结构（5）	业态多元化程度
		市场情况（5）	年接待游客量
	旅游经营管理现状（10）	项目开发与经营主体（5）	团队管理和经营能力
		产权归属情况（5）	产权归属清晰程度
政策环境（10）	政策支持与招商意向（10）	政策支持（5）	政策支持力度
		招商意向（5）	欢迎外来投资

评估项目	基本要素指标	评价因子	评价依据
投资风险（15）	项目限制性因素（15）	拆迁进度与成本控制（5）	拆迁难度
		项目建设风险（5）	建设可控性
		与地方政府和当地村民的关系（5）	与利益相关者关系的紧张程度

表1-8 典型村落考察结果

古镇（村）名称	地区	排名	备注
南社村	东莞市茶山镇	1	已考察，与附近的塘尾村联合投资开发（南社和塘尾已被联合评为4A景区），已完成立项申请报告
黄埔古村	广州市海珠区	2	专家推荐，已考察，规模较大，但外部环境不佳，不做投资考虑
钱岗古村	广州市从化区	3	专家推荐，已考察，建筑本体保存不佳，暂不做投资考虑
沙湾古镇	广州市番禺区	4	专家推荐，已考察，暂无开发方向
大旗头古村	佛山市三水区	5	已考察，推荐项目，已完成立项申请报告
圣堂镇歇马村	江门市恩平市	6	专家推荐

古镇（村）名称	地区	排名	备注
唐家湾古镇	珠海市唐家湾镇	7	专家推荐，已考察，规模较小，建筑风貌不佳，夹杂较多现代建筑，且周边环境杂乱，开发难度大，不做投资考虑
南岗古排村	清远市三排镇	8	专家推荐
塱头村	广州市花都区	9	专家推荐
钟楼村	广州市从化市	10	已考察，村内已腾空，但建筑风貌一般，暂不做投资考虑
斗门镇南门赵家庄	珠海市斗门区	11	专家推荐
大岭村	广州市番禺区	12	已考察，规模较小，建筑风貌不佳，暂不做投资考虑
翠亨村	中山市南朗镇	13	已考察，规模太小，不做投资考虑
上岳古围村	清远市佛冈县	14	专家推荐
大鹏所城	深圳市大鹏新区	15	已考察，因所城风景差，建筑质量不佳，外围住宿餐饮业态饱满，沙滩水域视野狭窄等原因，不做投资考虑
碧江村	佛山市顺德区	16	已考察，因规模太小，不做投资考虑
逢简村	佛山市顺德区	17	已考察，因建筑质量不佳，且现代建筑居多，不做投资考虑

（3）筛选结果分析

南社—塘尾明清古村落位于广东省东莞市，两村占地 11 万平方米。从旅游资源禀赋来看，南社村和塘尾村建村超过 800 年，农耕文化、祠堂文化、侨乡文化、楹联文化在超过 500 间的明清古建筑群中得到充分体现，两村均被评为"国家重点文物保护单位"。同时，南社村和塘尾村之间坐拥 6.5 平方公里的国家城市湿地公园，生物资源丰富，绿道环绕，自然风光优美，堪称中国华南地区的"西递—宏村"。从区位交通来看，距离南社—塘尾明清古村落两小时车程内常住人口 5000 万，所处的珠三角地区是全国三大旅游客源地市场之一，内外部交通网络发达，项目地可达性强。从政府支持来看，东莞市将旅游业视为产业发展重点，茶山镇"十三五"规划明确提出引进有实力的战略合作伙伴，以超大规格力度推动古村落突破性建设，而石排镇政府也把"打造旅游文化"作为重要思路和定位，对塘尾村投入了大量维护和修缮资金。古村内原住居民很少，是典型的空心村，因此统一租用的难度小，村内空地、倒塌房屋和未列入保护级别的风貌建筑较多，改造的政策性门槛相对较低。从旅游开发利用现状来看，2012 年，当地谢氏民营企业创立南社创意文化发展有限公司，投入 1000 万元统一经营南社古村内门票、餐饮和住宿。据统计，2019 年南社古村年接待游客达 100 万人次，门票收入达 500 万元。而塘尾古村则尚未设置门票，处于免费开放的阶段。整体来看，项目可通过建立交通接驳中心联合南社古村、塘尾古村和湿地公园，打造集自然观光、古宅戏演出、民宿餐饮于一体的休闲度假目的地。

| 距离广州市77公里 |
| 距离佛山市107公里 |
| 距离东莞市18公里 |
| 距离惠州市81公里 |
| 距离江门市137公里 |
| 距离中山市106公里 |
| 距离深圳市77公里 |
| 距离珠海市142公里 |
| 距离香港120公里 |
| 距离澳门155公里 |

图 1-8　南社—塘尾明清古村落交通区位图

　　三水大旗头古村位于广东省佛山市，占地 5.2 万平方米。从旅游资源禀赋来看，古村古建筑面积 1.4 万平方米，现存 9 间祠堂和 200 余间清末民居，是粤中地区典型的、最具独特镬耳式建筑风格的清代村落，获得"首批国家级历史文化名村""省级重点文物保护单位""广东第一村"等称号，同时古村周边亦有几千亩土地可进行联合开发，可扩展性强。从区位交通来看，三水大旗头古村毗邻广州，地属珠三角腹地，休闲客流量过千万，且一年四季适宜出游，港珠澳大桥、深茂高速铁路、广佛肇高速公路的开通将为大旗头古村带来更多粤港澳地区乃至全国的游客，项目具有优异的客源市场和区位条件。

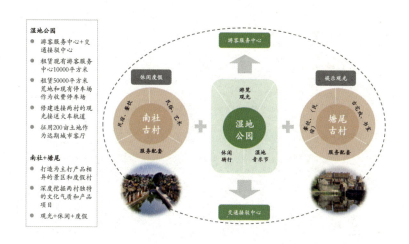

图 1-9　南社—塘尾明清古村落开发思路

　　从旅游开发利用现状来看，古村核心区域所有居民已经外迁，古民居得到了一定程度的修缮和整治，封闭性较好。古村当前尚处于初级观光旅游阶段，由村委会代收门票，游客对大旗头古村建筑风貌较为认可，但认为需要更多的产品规划、设计、雕琢和管理。从政府支持来看，当地政府从 2004 年开始对外招商引资。2014 年，佛山市提出古村活化任务，大旗头古村得到重视，当地村委和村民大力支持、期待和关注大旗头古村的开发利用，参与运营管理的意愿和积极性强，改造的政策性门槛较低，可预见的阻力较小。总体而言，大旗头村有望通过休闲度假产品及创意文化产品的开发，以及旅游配套设施的建设，打造成为珠三角地区的精品创意文化休闲基地。

■	距离清远市58公里
■	距离广州市45公里
■	距离肇庆市80公里
■	距离佛山市40公里
■	距离东莞市100公里
■	距离江门市91公里
■	距离深圳市170公里
■	距离中山市124公里
■	距离珠海市165公里
■	距离香港210公里
■	距离澳门175公里

图 1-10　三水大旗头古村交通区位图

图 1-11　三水大旗头古村建筑风貌现状图

图片来源：作者拍摄

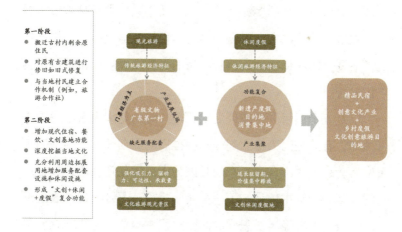

图 1-12 三水大旗头古村开发思路

1.4.5.3 项目推进结果

筚路蓝缕，殊为不易。从概念提出到寻找标的物，再到模式复制，中间阻隔何止十万大山。南社—塘尾明清古村落、佛山三水大旗头古村是 70° 景区精挑细选的项目，但在纳入 Z 投资公司项目库后也最终杳无音信。

1.4.6 小结

以上五个（类）项目，除 C 古镇（含 KP 碉楼）正常推进之外，其他项目并无实质性进展。目前 Z 投资公司正在谋求出售 KP 碉楼的全部股权，这与笔者当初的预判基本一致，即 KP 碉楼可与 C 古镇多元结合以及 KP 碉楼的世遗招牌是越老越值钱的战略资源，此一设想是错误的。资本方根本不关心碉楼与古镇组合出什么样的多元产品，也不关心碉楼本身是否值得持有。项目发展并没有在操盘手当初预设的轨道上运行。推而广之，诸暨合作项目也并不符合项目的真实发展规律，否则不会停摆迟滞。

以上五个项目失败或停滞的原因，有的是因为后期发展不可预知，有的是因为概念到样本到推广的周期长，有的是因为大框架套小主题不合适，有的是因为无差异化产品落地难，还有的是因为操盘主体认知不匹配实际规律。不管是何种表现形式及原因，不管经历了怎样的演变过程，本章节的初心是旅游项目的选址。旅游项目选址是否有规律可循？有哪些影响因子？存在哪些问题？如何指导其他企业进行选址？归根结底，只有利用规律和科学才能正确指导旅游项目选址，推动旅游行业的发展。

1.5 旅游项目选址影响因子分析

1.5.1 旅游项目选址的主体性和客体性

综合以上五个（类）景区项目的投资选址分析，本章节提炼出影响旅游项目选址的两类客体因素和三类主体因素（见表1-9）。客体因素包括：（1）资源要素，具体包括旅游吸引物、土地、产权、基础设施、项目数量结构和组合关系等指标；（2）市场要素，具体包括客源地数量、区位、交通等指标。主体因素包括：（1）政策要素，包括考察项目是否符合政策趋势和地方政府意见是否配置专职机构与人员、出台系列配套政策、运用行政资源做相关配套工作等；（2）投资要素，包括考量项目类型、投资主体，以及项目是否符合潜在或实际投资主体的经验判断和偏好，并配备充裕的资金；（3）管理要素，即考量项目的操盘手，以及项目是否符合潜在或实际操盘手的经验判断与偏好等。

以上五个（类）景区项目的分析有参考性，也有局限性。从实证分析的角度而言，想要寻找规律就要扩大样本量，否则仅仅是经验之谈。本章节只有少数几个案例，不足以形成规律。但从管理学研究角度而言，经营管理活动必须回归到行业之中，回归到案例和实践之中。本章节案例是真实经历的记录，在行业数据或样本达不到科学量化标准的大背景下，本章节走的是深挖几个案例的路子，这一定程度上符合管理学或商学院提出的研究要与案例深度结合的本质要求。

表 1-9　旅游项目选址影响因子

因素	二级指标	三级指标
客体因素	资源	旅游吸引物
		土地
		产权
		基础设施
		项目数量结构和组合关系
	市场	客源地数量
		区位
		交通
主体因素	政策	趋势
		国家政策
		政府主体意见

因素	二级指标	三级指标
主体因素	投资	项目类型
		投资主体
		投资主体偏好
		投资主体经验判断
	管理	操盘手
		操盘手偏好
		操盘手经验判断

1.5.2 旅游项目选址的必然性与偶然性

旅游项目的选址特征，不仅要分析主客二元平面结构，还需要引入必然性和偶然性的过程论来佐证（见图 1-14）。选址的成功，第一，有规律的必然性，如市场、客源、交通、区位旅游、吸引物、产权、土地、资源、基础设施等因素，它们是项目的本质所规定的、确定不变的影响因子，决定着项目选址的基本方向；第二，有阶段的偶然性，如行政资源、地方经济、历史文化、政策等因素，这是项目处于某阶段时所面临的外部环境，对项目选址起着加速或延缓的作用；第三，有现实的偶然性，如操盘手、行政一把手、投资商，以及个体偏好和经验判断等，对项目选址过程中起到制约作用。必然性和偶然性相互依存、不可分割。

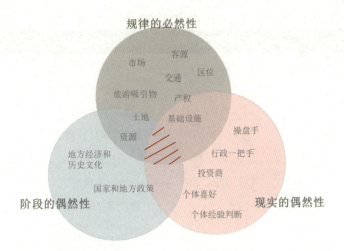

图 1-13　旅游项目选址的必然性和偶然性示意图

第二章

◀◀

操盘手眼中的旅游景区规划

2.1　前言

（1）市场上关于景区规划的书籍和工具不胜枚举，本章节并无特别推陈出新或别出心裁之处，通过对个人职业生涯中的经验总结，以期给行业人士提供参考。

（2）本章节聚焦操盘手眼中的旅游景区规划，它立足于可持续发展，在"资源—产品—市场"的道路上寻找最优的路径。

（3）旅游规划目前处于"编了没用，少了不行"的地位。"编了没用"是指城乡规划部门不认可旅游规划是法定体系内的规划，认为其不具备约束力和落地性。而"少了不行"是指旅游是一个产业，是一种消费行为，以空间为导向的城乡规划无法满足产业发展的诉求，因此必须以旅游规划作为补充。

（4）本章节试图探索一种规划编制路径，它既能满足城乡规划体系的法定要求，又可满足要素配置的产业发展需求。

（5）在操盘手眼中，旅游规划应是根据业态布局发现项目价值规律的动态平衡之路。以业态布局为依据的旅游规划有三个参照系：一是完整的可经营行为，二是资源本身的属性，三是商业上的盈利能力。操盘手的行业经验和在行业中形成的业态参考，是他们处理复杂项目的重要依据。一个优秀操盘手眼中的旅游规划成果，不仅应反映在图纸上，也应反映在为保障项目正常经营的政策及软环境配套上。

2.2 从操盘手角度看旅游景区规划

2.2.1 操盘手的特质

操盘手可以划分为三个层次：第一个层次是职业操盘手阶段，其特征是能完成上级的各项指令，把一个项目顺利完成，是非常好的职业经理人；第二个层次是专业操盘手阶段，其特征是能按照行业发展规律和企业发展规律，结合客观实际情况，推动项目朝预设轨道上发展；第三个层次是行业操盘手或事业操盘手阶段，其特征是具备做局的能力，可以无中生有，有效调动资金、资源、人才等各方力量，一手把一个项目从零起步到最终完成。

2.2.2 操盘手眼中的旅游景区规划逻辑

（1）从空间导向到业态导向

国土规划及城乡规划目的在于对区域内社会经济活动的空

间布局进行安排，属于空间规划的范畴。而操盘手眼中的旅游景区规划应该是超越空间、超越土地利用基础的业态规划，它不仅有空间场域属性，而且要有时间轴线属性。在时空的二元维度之下，对各个资源要素进行安排以实现效用最大化。

（2）项目红线范围内产权的可取得性列入最优先级

旅游景区不是在线平台，不应该以在线平台这一超越空间属性的经营思维来衡量或规划。业主、企业、政府等各个主体需明确景区边界是完整经营行为的前置条件。只有明确项目红线，才能确定景区范围以及整个空间轮廓。同时，项目红线的划定是完整经营行为的保证，是规划落地及资源产权获取的前置条件。因此，红线范围内资源产权或使用权的获取，即土地、房屋、水、林草等资源产权或使用权的取得，是保证规划落地的根本条件，否则规划只是无根之本、无源之水。

（3）项目红线是"资源、政策、市场、运营"四位一体的动态平衡结果

景区的红线范围并不是规划师自身定义的结果，也不是行政长官一锤定音的结果，而是随着资源获取即资产出让的难易程度、政府政策调整、市场条件环境变化以及运营管理的需要而进行动态调整的平衡结果。

（4）报批报建的规划与落地规划的二元性

在项目实际操盘的过程中，需要编制一本规划设计方案以满足报批报建的需求。为申请报批报建而编制的规划，面对的是政府行政主管单位的审批要求，是满足行政法规流程的必然

产物。它要满足自然资源部门在城市总体规划中的总体用地要求和建设要求，同时还要满足环境保护部门、文物保护部门、航道管理部门等所涉及其他部门的法定要求。而落地规划面对的是复杂的现实环境，有可能因为征地和征收工作的不到位而进行用地调整，也有可能因为水资源的利用而进行经营项目的裁减，还有可能因为政策或市场环境变化导致投资量的增减，这两种规划在规划逻辑、编制体系、核心导向上都存在差异。

2.2.3　操盘手眼中的旅游景区规划特征

旅游景区是以业态导向为主、空间导向为辅的旅游经营项目在空间上的汇聚形态，它在旅游目的地系统中或在一定的区域范围内，具备可利用的资源、可开发的土地、可经营的面积或线路。因此，操盘手眼中的旅游景区规划应是在明确景区红线和权属关系的前提下，对业态正确性、合理性和可实施性进行论证，并最终落在具体空间上的过程。它应具备以下几个特征。

（1）系统性

旅游景区规划的系统性并非体现在对社会经济、政治、文化的系统描述，而是在于系统性地统筹目标对象，涉及前期研究、投融资管控、规划设计、施工建设、运营管理等全流程的统筹思考，须把规划的作用发挥到极致。

（2）落地性

旅游景区规划应从投资人和经营管理者的角度考虑，以产品为导向，强调可执行性和市场接受程度。

（3）灵活性

旅游景区规划要为未来发展预留空间，保证景区的生命力，要具有张力，能够在一定程度内适应环境的变化而动态调整。

（4）时效性

旅游景区规划要能切中当前的实际情况，同时预测一定时期内的发展趋势，具有产品的战略性和前瞻性。

2.2.4　操盘手眼中的旅游景区规划属性

传统的旅游规划编制从城乡规划系统出发，按照"宏观—中观—微观"的模式形成了多个独立规划，包括旅游策划、总体规划、控制性详细规划、修建性详细规划、专项规划等（见表2-1）。程序化、标准化和模块化的规划割裂了各板块之间的联系，造成规划成果生硬，且无时效性、无灵活性和无系统性的问题。另外，不同的规划单位在规划方法理念上难以协调，编制时间跨度大，外部环境变化快，进而影响了规划的先进性。若发生领导换届，规划思路不一致，往往出现颠覆性改动规划的情形。

表 2-1 各类规划及其规划内容

规划类型	规划内容
旅游策划	通过对旅游区的区位、市场、资源、竞争等基础条件的分析，创造性地整合旅游资源，明确旅游区的发展战略和主题定位，初步划分旅游区的目标市场并策划其主题产品及活动
总体规划	分析旅游区客源市场，确定旅游区的主题形象，划定旅游区的用地范围及空间布局，安排旅游区基础设施建设内容，提出开发措施
控制性详细规划	以总体规划为依据，详细规划区内建设用地的各项控制指标和其他规划管理要求，为区内一切开发建设活动提供指导
修建性详细规划	在总体规划或控制性详细规划的基础上，从建筑角度对控制性详细规划进一步深化和细化，用以指导各项建筑工程的设计和施工
专项规划	除上述各级规划外，旅游区还可根据实际需要，编制项目开发规划、旅游线路规划、旅游营销规划、旅游区保护规划、旅游影响评价、项目财务分析等功能性专项规划

资料来源：《旅游规划通则》(GB/T 18971-2003)

因此，操盘手眼中的旅游景区规划应服务于市场需求，在分析社会、经济与文化的发展趋势，调查旅游系统要素的发展现状之后，通过完善旅游目的地内外部系统结构和功能要素，提供符合市场需求的产品（见图 2-1）。

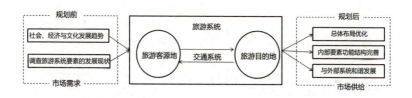

图 2-1 操盘手眼中的旅游景区规划属性示意图

2.2.5 操盘手眼中城乡区域规划与旅游景区规划的异同

城乡区域规划与旅游景区规划既有不同之处，又有相同之处，具体体现在规划对象、规划视角、体系依据、落地支撑、规划步骤五个方面（见表2-2）。

表2-2　城乡区域规划与旅游景区规划对比

对比指标	城乡区域规划	旅游景区规划
规划对象	城镇区域，突出为满足城镇经济和社会发展所必需的配套系统，是一种公共产品	旅游目的地，突出为满足游客需求而作出的服务系统建设，是一种市场产品
规划视角	（1）从整体的城乡经济社会空间角度出发，是综合性的规划 （2）为维持公共生活的空间秩序而作出的未来空间安排	（1）属于旅游产业的规划，旅游功能区层面上的规划 （2）除应具备城乡区域规划的内容外，更需突出旅游服务功能的配置
体系依据	（1）以城乡规划法律法规体系为支撑 （2）一般分为总体规划和详细规划	（1）脱胎于城乡规划，但缺少针对性的规划体系作支撑 （2）除总体规划和详细规划之外，还有许多专题性、个性化的规划
落地支撑	以行政体系和工作体系作为落地支撑	旅游规划的空间用地受城乡规划的领导，要与其协调才能真正实施
规划步骤	总体上，先有空间规划，再装产业和产品	总体上，先有业态和产品，再进行空间的落地

2.2.6 旅游景区规划在"多规合一"中的路径探索

综合以上分析，既然不能割裂化，就得有联系；既然不能标准化，就得有创意；既然不能模块化，就得有融合；既然不能程式化，就得要灵活。如何在旅游景区规划实现上述多种效果？国务院提出的"多规合一"成为一个解决路径，即用一以贯之的逻辑把总体规划、控制性详细规划、修建性详细规划整合成为一个综合规划，以指导具体建筑方案设计。

"多规合一"与国际通行的综合规划相似，都有关于全面性、长期性、通用性等基本要求，但在土地利用、人口规划、住房建设、基础设施、教育、交通设施等要素要求上有所差别。刘德谦教授多次强调，需顺应形势尽快将全域旅游的发展规划纳入"多规合一"的顶层设计之中，做好全域旅游规划与"多规合一"的互动，以规划为起点全面部署地方旅游业的可持续发展[①]。然而刘德谦教授也指出，"多规合一"并非机械地将一个地方（市、县等）的各种规划简单叠加成一本规划，而是通过对地方整体发展思路和空间布局融合归一的思考与安排，为各个规划的编制提供一个顶层设计。

旅游景区规划可以根据不同分类在对应城乡规划、土地利用总体规划上需要展开分别讨论。旅游景区规划与其他规划的衔接主要体现在用地方面，旅游用地的特殊性有别于常规的城

---

① 刘德谦. 旅游规划七议 [J]. 旅游学刊, 2018, 33; 263(7): 148.

镇开发，它是一种融合多种资源而进行的综合性开发，如融合耕地、林地、水源地、文保单位、工业用地等而进行的复合性利用。这种综合性开发对规划衔接提出了较高要求。2015年，国土资源部、住房和城乡建设部、国家旅游局共同推出的《关于支持旅游业发展用地政策的意见》从积极保障旅游业发展用地供应、明确旅游新业态用地政策、加强旅游业用地服务监管等方面对旅游业发展用地政策做了较为系统的规定，是当前指导旅游业用地政策创新的基础性文件。在"积极保障旅游业发展用地供应"这一项意见中提出多方式供应建设用地的建议。此外，2018年，国务院办公厅《关于促进全域旅游发展的指导意见》（国办发〔2018〕15号）进一步指出将旅游发展所需用地纳入土地利用总体规划、城乡规划统筹安排，年度土地利用计划适当向旅游领域倾斜，适度扩大旅游产业用地供给，优先保障旅游重点项目和乡村旅游扶贫项目用地。

旅游用地未能在城乡规划和土地利用总体规划上形成单独用地分类，而是对应于实际的用地需求性质，如用来建设文旅商业设施的商业服务业设施用地，用来修建景区道路的道路与交通设施用地等。但这种参照城镇开发用地出让建设用地的方式将大大增加开发商投资成本，与文旅景区项目的低密度、低容积率、高绿地率的开发特征不匹配，从而造成开发投资意愿下降。在旅游用地探索方面，广西桂林市进行了积极尝试。2014年，桂林市人民政府印发了《桂林旅游产业用地改革试点若干政策（试行）》（简称"31条"）。该政策主要涉及旅游产业用地规划管控、旅游产业用地分类管理、农民利用集体土地参与旅游开发分享收益、落实节约用地优先促进旅游产业转型升级、旅游产业用地改革试点保障等 5 个方面。在规划管制方面，桂林着眼于土地规划、城乡规划与旅游发展规划的衔接，按照"多规合一"要求编制《重点旅游片区发展规划》，将旅游产业用地布局和土地利用布局衔接起来。在针对旅游项目特殊的土地使用要求方面，桂林对未超过一定标准的旅游景区道路执行不占建设用地指标的政策；同时放宽旅游景区范围内的亭、台、楼、阁等小型旅游设施用地审批；对特殊旅游项目放宽容积率限制。同时，桂林还在旅游用地分类上率先进行尝试，创造性开发旅游用地基准地价编制工作，希望提高旅游项目的投资积极性。

　　同时，旅游景区规划在"多规合一"中能否占有一席之地，首先取决于这个区域或城市看待本地旅游业发展的态度，换言之，旅游景区规划纳入"多规合一"体系的过程，需要外围产业土壤的培育，只有当旅游业在城市产业体系中占有举足轻重的地位，旅游景区规划纳入"多规合一"才具备可能性。其次，"多规合一"最终目标是推进项目的落地性，这种落地性不仅需要考虑不同规划接口的统一问题，更需要考虑项目的经济性问题，即规划管控手段与项目经济价值是否匹配。当旅游产业地位提升之后，会引发现有用地性质的变革。如在城市中历史文化街区更新改造类项目，这种项目用地可以纳入到城镇规划体系内，也可以作为旅游项目主导下的用地体系，未来是否有必要设立独立旅游用地分类，则应取决于实践的需要。

2.3　旅游景区规划的构成体系

2.3.1　编制流程

在项目实际落地过程中，旅游项目开发的各个环节，包括项目选址、项目立项、规划设计、施工建设、市场推广、运营管理等，均应与旅游景区规划产生关联。第一，在项目选址环节，很多工作需要提前谋划，缺乏规划无法指引基本的选址方向；第二，在项目立项环节，可行性研究报告的编制建立在有形和无形的修规基础之上；第三，在开发后期环节，包括单体的规划设计、施工图设计、营销、运营、推广、管理等均可以根据旅游景区规划来衍生、发展、制定、推导。

2.3.2　编制体系

旅游景区规划涵盖基础分析、战略定位、业态规划、功能分区、交通游线、游客管理、基础设施、建筑景观、制度保障与投资测算等各个层面（见表2-3），具备系统性、科学性和实用性的特征。自然资源部门的两张图，即土地利用总体规划中的土地利用现状与规划图、城镇总体规划中的功能分区图，对编制体系完整、准确、真实、有效地落地起到关键作用。

表2-3 旅游景区规划体系

序号	一级标题	二级标题
1	基础分析	1.1 现状分析（用地、资源、交通、约束条件） 1.2 市场需求分析 1.3 发展问题分析
2	战略定位	2.1 发展战略 2.2 总体定位（客群定位、主题定位、产品构成定位）
3	业态规划	3.1 业态策划 3.2 业态可行性分析 3.3 重点业态选择
4	功能分区	4.1 空间规划 4.2 功能分区 4.3 用地规划
5	交通游线	5.1 游线组织 5.2 交通系统规划
6	游客管理	6.1 游客体验管理 6.2 游客组织管理 6.3 游客服务管理
7	基础设施	7.1 绿地系统规划 7.2 配套服务设施规划 7.3 工程管线规划 7.4 竖向设计 7.5 环卫设计

序号	一级标题	二级标题
8	建筑景观	8.1 建筑概念设计 8.2 景观概念设计
9	制度保障	9.1 土地整理与获取 9.2 业态运营管理模式设计 9.3 制度保障建设 9.4 法务与税务设计
10	投资测算	10.1 投资回报测算 10.2 开发时序

2.3.3 旅游景区规划与旅游景区策划的区别与联系

旅游景区规划是全局性的、长期性的、前瞻性的发展计划和实施方案，是对一定地域范围的旅游业在未来若干年内建设和发展的总体部署和策划，是对旅游休闲资源、相关设施和服务，以及其他相关资源进行合理配置和使用，力求旅游休闲产业经济、社会和环境效益实现最大化的过程。而旅游景区策划则是相对近期的、具体的、用于开拓市场的，是旅游策划者为实现旅游组织的目标，通过对旅游资源、旅游市场和旅游环境等的调查、分析和论证，创造性地设计活动方案、谋划对策，然后付诸实施，以求获得最优经济效益和社会效益的运筹过程。二者相互区别，旅游景区策划侧重于基础调研、市场分析与战略定位，旅游景区规划侧重于统筹协调、落点布局与实际操作；但二者又是相互联系、相互渗透的，旅游景区策划是旅游景区规划的基础和前提，旅游景区规划是旅游景区策划的载体和平台。

2.4　旅游景区规划的实操指引

依据"做什么""在哪做""怎么做"的逻辑线路图，本节从旅游业态、空间用地和运行模式三个方面建构旅游景区规划的逻辑框架体系（见图2-2）。

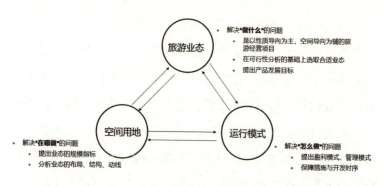

图 2-2　旅游景区规划的逻辑框架体系

第一，旅游业态，解决的是"做什么"的问题，是以性质导向为主，空间导向为辅的旅游经营项目，在可行性分析的基础上选取合适业态，并提出产品发展目标。第二，空间用地，解决的是"在哪做"的问题，提出业态的规模指标，分析业态的布局、结构、动线。第三，运行模式，解决的是"怎么做"的问题，提出项目盈利模式和管理模式，确定项目的开发时序并制定相应的保障措施。

2.4.1 旅游景区规划的阶段划分

旅游景区规划需要经历五个阶段。第一阶段是前期调研与数据整理阶段，主要任务是全面、细致地收集基础数据，并进行分类整理，包括项目所在地现状、存在的问题等。第二阶段是总体定位与发展战略阶段，主要任务是确定旅游区未来构想蓝图以及战略实施路径。第三阶段是业态规划与项目落点阶段，主要任务是立足于开发主体现状，进行业态分析、项目选址及商业模式设计，从而优化用地属性。第四阶段是详细设计与投资测算阶段，涉及游线组织、建筑单体、交通系统、绿地系统、服务设施、环境卫生、管线竖向等内容的规划设计，并需要对总体投资和开发时序进行分析。该阶段的专业性较强，相对简单，可交付专业人士高效完成。相比之下，第五阶段的事项是系统性更高的、融合性更强的以及需要破壁的事项。第五阶段是实施方案与落地保障阶段，主要任务是对规划的实施路径进行设计，保障规划的落地，具体涉及土地供应、施工建设、运营管理、成本管控、法务税务等内容，新组织架构和制度的设置也是保障体系中的一部分。

2.4.2 前期调研

2.4.2.1 前期调研理论及方法

前期调研的目标在于把握甲方需求、市场需求、政府需求、乙方需求等各方需求：第一，甲方需求通过对产品类型、投资规模、主题定位、发展理念等方面的调研而获取；第二，市场需求通过对游客特征、消费需求、消费趋势等内容的调研而明确；第三，政府需求通过对主题文化、市场形象、时间节奏、政策法规等事项的收集而确定；第四，乙方需求通过明确需求、约束条件、信息数据等方面的调研而获得。在方法上，问卷调查、田野调查、专题访谈、文献收集等是常用的数据收集方法，SWOT 分析法、用户画像、时间序列、GIS 地理信息系统、游客旅程分析法、生命周期分析法等是常用的数据分析方法。

2.4.2.2 前期调研的指标体系

旅游景区规划前期调研主要围绕资源禀赋与限制因素两大方面（见图 2-3）。其中，资源禀赋包含了旅游资源、政治生态、交通区位、地理区位、周边竞合分析等内容，体现了旅游景区的发展基底与潜力；限制因素包含了文物、环保、水资源、土地、生态、政策等限制条件，对景区的规划设计及最终落地起到约束作用。

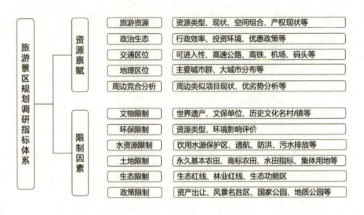

图 2-3　旅游景区规划调研指标体系

2.4.3　总体定位与发展战略——以 C 古镇为例

2.4.3.1 总体定位

总体定位要求确定一个景区的级别、主题特色及类型。在顶级资源、资本和操盘团队共同推动下，C 古镇项目被定位为世界级文化休闲综合旅游目的地。

2.4.3.2 市场定位

市场定位要求确定一个景区的重点市场区域及主要目标客户。根据客源距离衰减规律，C 古镇项目以珠三角地区为基础市场，以省内其他区域和港澳地区为核心市场，以休闲度假客群为主要目标客群。

2.4.3.3 形象定位

形象定位要求确定景区在市场竞争中扮演的角色和树立市场形象。C 古镇项目以侨乡文化、古埠码头文化为特色，主打文化体验、休闲度假以及会展文化，打造复合型旅游展示区。

2.4.3.4 产品定位

产品定位要求确定景区的核心产品及核心吸引力。C古镇项目以规模宏大、保存完整的骑楼建筑群为特色，打造古镇度假产品。

2.4.3.5 发展战略

发展战略要求确定景区面对市场的竞争战略。在开发策略上，C古镇项目采取双核驱动，古镇与碉楼景区联动发展，建新镇融合产业发展，保老城再现古镇辉煌的发展战略。

2.4.4　业态规划——以C古镇为例

根据六要素理论，旅游项目业态规划的实质是基于吃、住、行、游、购、娱六要素的框架下发现规律，进行组合创新，迎合市场需求。六要素中的各个要素有其创新业态，第一，吃（餐饮类）包括特色美食、创意餐饮、定制餐饮、餐饮体验等；第二，住（酒店民宿类）包括星级酒店、精品酒店、民宿、房车、帐篷、别墅等；第三，行（交通类）包括观光小火车、缆车、热气球、低空飞机、游轮等；第四，游（观光体验类）包括玻璃栈道、创意秀场、历史人文风情、大地艺术等；第五，购（旅游商品类）包括特色街、创意集市、文创体验店、网红店等；第六，娱（休闲娱乐类）包括温泉疗养、旅游演艺、不夜城、酒吧、书吧等。

2.4.5 详细设计规划和投资测算

2.4.5.1 详细设计规划

详细设计规划主要对游线组织、建筑概念、交通系统、绿地系统、服务设施、环境卫生、管线竖向等进行规划设计（见表2-4）。

表2-4 详细设计规划内容

序号	规划内容	具体内容
1	道路交通规划	道路等级分类、道路断面、集中停车场布点、公共活动场地布点等
2	绿地系统规划	道路绿地、庭院绿地、滨河绿地、山体绿地、停车场绿地、广场绿地、公园绿地等
3	景观系统规划	景观轴线、景观节点、视角廊道、景观小品等
4	建筑保护与更新规划	保护类、改善类、拆除类、整治类、新建类等
5	竖向工程规划	道路控制点标高、坡度、坡向、坡长、转弯半径、控制点坐标、场地标高等
6	综合管线规划	给水、排水、雨水、电力、电信、燃气、热力等
7	环卫设施规划	垃圾收集设备位置及服务半径、公共厕所位置及半径
8	综合防灾规划	应急疏散通道、避难广场、指挥中心、医疗中心
9	基础服务设施规划	停车、购物、住宿、娱乐、餐饮、文化等
10	分期建设规划	一期、二期、三期及项目点标注等
11	分片区规划	分片区详细节点平面图、节点平面索引、详细节点透视图等
12	建设概念设计	建设平面设计、透视图等
13	景观设计意向	场地铺装意向、小品设施意向、景观绿化意向等

2.4.5.2 投资测算

旅游景区规划的投资测算的目标在于预测景区投资与建设的收入和成本情况。收入包括门票收入及其他收入，成本包括主营业务成本、人员成本、其他费用以及相应产生的所得税（见图2-4）。为了作出财务预测，需要收集及确定项目投资额、建筑面积、游览区面积、客房数、项目建设期、试营业期、正式营业期、稳定期客流、稳定期人均消费等基础数据信息。

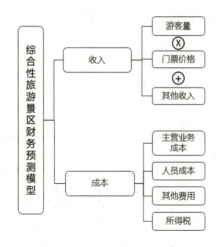

图2-4 旅游景区规划财务预测方法

2.4.6 实施方案与落地保障

本节是重点也是难点，旅游景区规划的落地实施保障体系包括顶层设计、操盘团队、土地保障及施工团队等不同层次、不同环节的保障内容（见图 2-5）。同时，规划的落地依托于组织保障，决策层需要拥有统揽全局的头脑以及持之以恒的攻略。若领导层的素质无法匹配项目的发展状态，最严格的制度性约束、制度性惩罚都将失去作用。因此，实施方案和落地保障体系应最大限度接近项目的发展状态和实行情况。

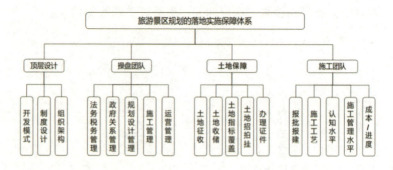

图 2-5　旅游景区规划的落地实施保障体系

2.5　世界文化遗产KP碉楼与村落规划案例解读

KP碉楼与村落位于广东省K市，2007年夺得广东省唯一一个"世界文化遗产"的桂冠。然而经过前期调研得知，尽管碉楼景区作为广东唯一的世界文化遗产，见证了华侨全球化的历史进程，但其无论在保护利用、管理规划方面，还是在品牌经营、经济效益方面均名不副实。文物规范、土地不足等因素对文物活化利用产生实际制约，产权关系不清晰使利益调和难度大，景区产品地块分布散落且同质化严重，对游客缺乏吸引力，因此为改变现状问题编制了新的规划。

2.5.1　总体战略

KP碉楼与村落的总体战略是以碉楼和村落资源为依托，

以"做精保护、做顺关系、做实碉楼、做活村落、做全景区"为理念（见表 2-5），深挖中西文化的交融与建筑景观的价值，让碉楼景区成为展示华侨主动适应全球化进程及中西文化交融结晶的标本，成为侨乡现代的精神家园，成为世界遗产保护性开发的典范。

表 2-5　总体战略理念与内涵

理念	内涵
做精保护	建立规范世遗维保机制，以全方位实现世界遗产地的科学保护
做顺关系	理顺景区内部管理关系，解决景区核心资产与村民的分配关系
做实碉楼	抢占碉楼产品的制高点，利用文物价值较低的碉楼来进行主题化改造
做活村落	按照"一村一品"原则，提取传统乡村生活形态和仪式的符号
做全景区	全方位梳理各景区内部，完善必要的功能布局与标配设施建设

2.5.2　总体定位

项目定位为打造"碉楼生活体验园"，集走入式观赏方式、情境化体验方式、精细化休闲方式为一体，其实现路径共分为三步：第一步，从"遗产景区"到"体验园区"，创造国内第一个以实物世界文化遗产为基础的开放式景区，实现从文化到旅游的转变；第二步，从"分散景区"到"完整景区"，化零为整地把分散景区统一为一个大旅游区的概念，提供连贯的旅游服务和体验；第三步，从"普通公园"到"野生园区"，化整为零地利用物理空间的不连贯性，强调包括周边乡村和其他碉楼范围内的"无墙"旅游体验概念，以及在这种环境下特殊的体验方式和其他非普通公园游玩项目的可能性。

项目打造以碉楼为主题，强调碉楼背后所代表的更轻松、更生动、更细微的"海内外生活文化"，而不仅是学术化、脸谱化的"碉楼建筑文化"和"侨乡文化"，避免纯遗产式的呈现方式，强调生活化的体验。同时，项目以休闲观光为功能，游客能够采取"逛碉楼"式轻松娱乐的行为模式。另外，项目采取复合结构化的旅游运营模式和游客体验模式，将生活体验园的一价全包式门票、文化遗产式预订参观方式、乡村休闲式主题餐饮、娱乐及配套服务相组合。

2.5.3　功能分区

碉楼生活体验园共分为豪园旧梦、自在田园、龙佑丰地三片主题区域，并通过陆上的各类绿道、景区快速路以及潭江休闲水系与C古镇相串联（见图2-6）。

2.5.3.1　豪园旧梦（立园—南阳里片区）

利用现有的立园别墅区、大花园区进行景观提升以及项目改造，凸显豪园的西洋情调，同时新增住宿设施和娱乐休闲设施，打通立园和南阳里水上游线，重点打造交通组织枢纽。

2.5.3.2　自在田园（自力村片区）

自力村周围景观环境优雅，组成了一幅写意的乡村画卷，

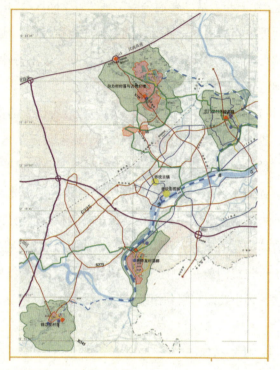

图 2-6　碉楼景区空间结构规划图

需设置新的最佳观景点，突出碉楼与周边环境的融合，在碉楼
内部采用现代展示技术和民俗人物扮演等多种手法塑造碉楼体
验场景馆，全方位展示 KP 碉楼的特色，并完善周边的旅游基
础服务设施。

2.5.3.3 龙佑丰地（马降龙片区）

利用马降龙村落独有的丰富的绿色景观和宽阔的潭江水，
展现茂密竹林中的山水碉楼，同时加入休闲业态，打造观光式

休闲体验，并完善交通服务设施，建立交通组织枢纽。

2.5.4　产品体系

从硬产品、软产品、环境景观产品三方面构建碉楼景区产品体系（见图2-7）。第一，硬产品主要为新建游客中心、住宿、商街、餐饮、观景等旅游服务设施，以及对碉楼建筑、传统村落及原有民宿、商行等进行改造提升。第二，软产品则从交通服务、游览咨询服务、特色体验及民俗节庆等方面营造和提升。第三，环境景观产品依托自然和人文景观资源，从大地、水系、夜色、建筑、村落、商街等要素挖掘和提取景观资源，包装系列产品。

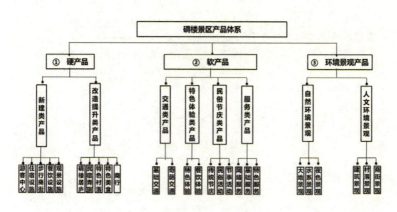

图2-7　碉楼景区产品体系图

2.5.5　政府和企业的责权划分

项目围绕景区产品系统、社区生态系统两个系统的重建，对政府和企业的责权进行划分，详见表2-6。

表2-6　政府和企业的责权划分

工作内容		政府责权	企业责权
重建景区产品系统	区域交通	拓宽立园入口 X555 县道和 C 古镇—马降龙 Y777 乡道，双向四车道，含停靠站	—
	南北两个城市客厅	征地动迁和招拍挂	选址、测绘、规划、设计
	立园—南阳里片区改造	征地、动迁和调规土地	选址、测绘、规划、设计
		封闭 2 条景区穿境道路	经济补偿
		搬迁宝树中学和朝阳村、双龙村	经济补偿
		4 栋碉楼改造许可、经营权的确认	改造方案
		对新建项目和改造项目的国有土地使用证、建设用地规划许可证、建设工程规划许可证、建筑工程施工许可证、用地选址意见书、规划（建筑）方案批准意见书	选址、测绘、规划、设计
		南阳里整体租赁	改造方案
		对新砌 1640m 围墙（含园区及虎山周边）的许可以及矛盾协调	—
	自力村片区改造	征地动迁和调规土地	选址、测绘、规划、设计
		2 栋碉楼改造许可、经营权的确认	改造方案
		对新建餐位建设许可、卫生许可、排污许可和消防批复等手续	规划、设计

工作内容		政府责权	企业责权
重建景区产品系统	马降龙片区改造	搬迁百合大桥下游的码头水泥厂	经济补偿
		征地动迁和调规土地	选址、测绘、规划、设计
		对新建餐位建设许可、卫生许可、排污许可和消防批复等手续	规划、设计
		对 10620m² 封闭绿化带建设许可	—
	环境与配套	沿线卫生、环境、广告位的整治	—
		三个景点的摊位摊点的搬迁整治	—
		三个景点内禁止散养鸡鸭	—
		三个景点内的拉客、逃票的打击整治	—
重构社区生态系统	明确一个责任主体	赋权、扩编	方案建议
	成立一支监察队伍	组编、赋权	筹措部分经费
	树立一个管理模式	牵头成立"四位一体"的合作与管理模式	拟定公约等
	建立一套分配模式	商讨专营收入和共享收入	商讨专营收入和共享收入
	完善一套奖罚机制	执行《KP 碉楼与村落世界文化遗产地保护管理办法》	—

工作内容		政府责权	企业责权
重构社区生态系统	公布一张负面清单	包括但不限于： （1）不准擅自改变稻田的种植结构 （2）不准擅自改建、搭建、违建任何未经批准的建筑 （3）未经批准不准悬挂和设立各类广告牌、店招店牌及其他妨害村落景观的物件 （4）不准违反景区和村落的环境卫生规定，任意处置各类垃圾及排放各类污水 （5）不准经营超出景区规定允许范围内的经营服务项目 （6）未经批准不准擅自改变所经营产品的类别、内容、价格、数量等 （7）不准在景区内擅自散养鸡鸭鹅等家禽	—
	调整一套保护办法	人大讨论通过《KP 碉楼与村落世界文化遗产地保护管理办法》的调整完善	—
	建立一套监测体系	牵头建立世遗监测体系	筹措部分经费
	成立一个保护基金	牵头成立世遗保护发展基金	筹措部分经费

2.6 河南新县大别山露营公园规划案例解读

　　大别山露营公园位于河南省信阳市新县，地处大别山腹地，鄂豫皖三省接合部，毗邻国家水利风景区、AAA 级景区香山湖，交通网络密集分布。新县拥有良好的生态环境、宝贵的红色资源和深厚的文化底蕴，资源组合出色。在自驾露营、红色旅游和研学旅游发展趋热的大背景下，新县旅游迎来新的发展阶段。

2.6.1　总体战略

　　新县大别山露营公园的总体战略为"教育一个孩子，需要一个村庄"，"大别山露营公园"将最终回归为"大别山露营村"，在乡村、山里和革命老区找到教育的突破口，也播撒下希望的种子。秉承教育、旅游、乡村、生态集成发展的精神，将大别山露营村建设成为中国第一个青少年露营学院、中国第一个红色露营基地和中国第一个户外产业露营乡村。

（1）中国第一个青少年露营学院

新县大别山露营村不仅仅是一个营地，更应是营地学院。从市场定位到组织管理，以学院立营，建立体系化的露营教育系统，树立权威、官方的品牌形象，把露营做专业。

（2）中国第一个红色露营基地

以红色露营教育为特色，成为全国青少年校外教育和教育旅游市场独一无二的吸引力和品牌，发出革命老区的新声音、发挥红色文化的新功能。

（3）中国第一个户外产业露营乡村

采取"教育＋旅游＋乡村"的乡村振兴新模式，走出"不离土、不离乡、不失业、不失地"的乡村发展新道路，为乡村植入教育旅游产品，培育乡村的可持续发展新产业，实现教育、旅游、乡村三者的产业互促。

2.6.2 总体定位

大别山露营村以"用绿色做红色"为定位，包括红色教育、休闲露营、研学旅行、自驾游、乡村旅游、营地教育六大主题和功能。

（1）红色教育

河南新县是红色资源十分丰富的宝地，大别山更是红色基因的传承基地。在新县特有的红色资源基础上，通过露营教育、研学旅行、现场教学等方式对新时代青少年、大学生、干部群众等进行价值观引导、品德塑造和精神锻炼。

（2）休闲露营

休闲露营是一种新型的休闲旅游行为方式，是具有户外、自然、轻体量等特色的旅游产品，同时满足旅游产品须具备的差异性、"泛旅游"特性。

（3）研学旅行

研学旅行是由学校根据区域特色、学生年龄特点和各学科教学内容需要，组织学生通过集体旅行、集中食宿的方式走出校园，在与平常不同的生活中拓宽视野、丰富知识，加深与自然和文化的亲近感，增加对集体生活方式和社会公共道德的体验。

（4）自驾游

自驾游是自助旅游的一种类型，是有别于传统的集体参团旅游的一种新的旅游形态。根据中国旅游车船协会发布的数据，2019年全国自驾游占国内出游的比重为64%，已经成为出游的主要方式。

（5）乡村旅游

以农庄或农场旅游为主，包括休闲农庄、观光果园、茶园、花园、休闲渔场、农业教育园、农业科普示范园等，以体现休闲、娱乐和增长见识为主题的乡村旅游。

（6）营地教育

营员通过在营地的生活和体验式的活动，实现受教育的目的，通过富有创造性的营会活动，让青少年"有目的地玩"和"深度探索自己"。

2.6.3 产品及课程体系

露营村产品体系包括"户外教育""户外活动"以及"美丽乡村"三个体系（见图2-8），满足不同游客群体需求，提供多元特色产品。

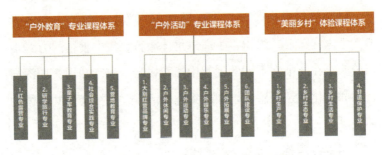

图 2-8 大别山露营村产品体系图

（1）"户外教育"专业课程体系

该课程体系针对以青少年为主的团客设计，以"专业"概念替代"产品"概念，建立露营学院的权威体系，定位营地的平台功能，延展未来软实力的形成和输出能力。形成以"红色露营专业""研学旅行专业""童子军教育专业"等为代表的专业课程，覆盖有市场和官方基础的全部教育＋旅游相关领域，最大化扩展市场客源。

（2）"户外活动"专业课程体系

该课程体系针对以成人为主的团客设计，课程专业化从青少年研学扩展到面向大学生团体、企业团建、俱乐部活动、干部培训和工人疗养等成人客群，形成以"大别红营""户外休闲专业""户外运动专业""户外娱乐专业"等课程为主导的团队户外活动基地。

（3）"美丽乡村"体验课程体系

该课程体系可面向所有客群。基于现有朱冲村村庄和田园区域，将露营村一、二期的农耕课程和活动引入真正的乡村场地，同时将露营业态以活动和公园的形式植入乡村，并着重提升村庄的公共服务水平，形成"乡村生产专业""乡村生态专业""乡村生活专业""非遗传承专业"四大课程体系，带动露营社区建设和发展。

2.6.4 功能分区

项目功能分区主要为"二期三区四园"，主要建设大别山露营学院、大别山露营公园、大别山露营社区及大别山露营乐园。项目分为两期建设，一期完成大别山露营学院和露营公园项目的提升改造，二期重点打造大别山露营乐园项目。

（1）露营学院和露营公园（一期）

从"扩容量""扩用途"两个角度对露营村实施改造，以满足培训团体露营专业需求。第一，"扩容量"。参考中小学校、青少年营地、青少年宫等场所的设计指标，对现在的露营公园场地扩容和重组，满足大型培训团队群体（400—500人）关于吃、住、学、游的团队式行为需求。第二，"扩用途"。在活动场地和空间有限的情况下，需要保障场地使用的灵活性，采取现有场地扩容改造和新建场地同步走的策略。根据青少年营地国家标准和户外教育、大型团体客人的实际情况，尤其在气候多变的山区，合理设置室内空间，满足室内活动教学，以及极端天气下的教学需求。在户外活动的服务方面，设置户外服务中心，满足大部分户外教育活动的公共服务需要。

盈利来源主要包括旅游经营性收入、研学经营性收入及其他综合收入。以住宿、休闲娱乐活动为主，露营生活体验是核心吸引物，与露营相关的住宿设施是重要利润来源。其他综合收入主要来自场地租赁、小商品销售、广告收入、外景摄影服务费等。

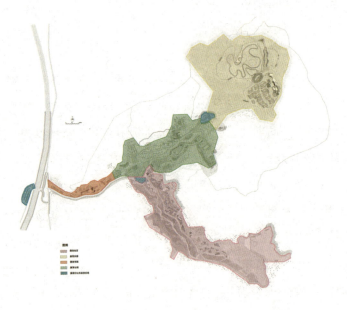

图 2-9　露营学院与露营公园项目总平面图

图例：

● 大别山露营村
　1. 露营村大型停车场（120）
　2. 露营村入口驿站
　3. 露营村自驾停车场（53）

● 大别山露营学院
　1. 露营学院停车场（12大巴+18辆小汽车）
　2. 露营学院入口集散广场
　3. 露营学院

● 大别山露营公园
　1. 中央景观广场
　2. 露营公园游客中心
　3. "有营养游"广场
　4. 多彩广场
　5. 活力运动场
　6. 组团广场
　7. 自然草坪
　8. 党群乐园
　9. 森林图书馆
　10. 树屋
　11. 特色树廊
　12. 生态停车场
　13. 露营公园医院医疗服务站地
　14. 露营公园集散广场

● 大别山露营乐园
　1. 东南门区
　2. 山林度假区
　3. 运动服务区
　4. 党群活动馆

● 大别山露营社区
　1. 社区中心
　2. 乡村生态园
　3. 乡村生活综合体
　4. 乡村栈道游
　5. 党群广场
　6. 乡村公园—林间
　7. 乡村公园—林间
　8. 乡村公园—水间
　9. 乡村基础设施系统

图 2-10　大别山露营村功能分区图

（2）露营乐园（二期）

露营乐园从"玩着闲""闲着玩"两个角度进行设计，以满足休闲度假和专业户外爱好者需求。一方面，以自驾游、户外游、休闲度假游客为规划对象，在基本功能之上，增加具有户外运动特点和自然露营的元素，发展多样化的户外运动项目集群。另一方面，以集中性户外露营学习、技能培训为特点，形成户外运动的大本营，一站式体验各个户外运动项目。打造露营旅游者、户外爱好者、极限山地运动爱好者的家园，形成社群化的活动交流基地。

露营乐园（二期）实行"一价全包"式，将露营乐园的产品进行打包，形成集吃、住、游、娱于一体的户外运动体验区，将户外运动休闲客群分为住宿与非住宿两类，在市场上销售住宿套餐和户外运动体验套餐。户外运动体验套餐（非住宿一价全包）包含露营乐园进出一次门票、特色餐饮、特色竞技活动体验；住宿套餐（住宿一价全包）包含露营乐园多次进出门票、住宿、特色餐饮（住宿期间）、特色竞技活动体验、游览车等。

图2-11　二期露营乐园项目总平面布局图

（3）露营社区（同期发展）

露营社区采取"用绿色做红色，用乡村做绿色"的生活理念，成为乡村生活新范式的引领者，在以绿色生态发展来带动红色教育、可持续生态农业的同时，发掘发扬大别山的红色文化。守护乡村赖以生存的土壤，走好乡村绿色发展之路。项目通过对现代生活方式进行反思与改革，以露营社区构建起村民、游客与环境的和谐共生关系，提倡新的生活价值观，搭建城市和乡村生活的桥梁，创造第三生活空间场景，引领新生活方式。

　　露营社区以"村集体＋农户＋企业"的合作模式运营（见表2-7），村集体组织农户成立乡村旅游公司。旅游公司协助申请政府补贴支持基础设施建设、对公共资源进行整合，引入社会资本发展特色民宿，鼓励村民筹资贷款对自家房屋进行改造并制定改造标准，颁布乡规民约和建立利益分配机制。

图2-12　露营社区项目总平面布局图

表 2-7　露营社区不同投资主体的建设内容划分

投资主体	建设内容	备注
政府	（1）道路、排水、供电、电信等市政配套改造 （2）环境整治	政府通过省级奖补、乡村旅游扶贫重点村、全域旅游发展基金、农村人居环境专项资金、服务业发展奖补资金等申报，发挥政府筹资引资作用
旅游公司	（1）民居、水库、村场、树木等的租赁和改造 （2）整体景区规划设计与产品策划 （3）步行商业街、乡村公园、乡村生活综合体的统一运营管理 （4）基础配套设施建设 （5）景区标识系统	（1）旅游公司对委托改造和运营的房屋，与农户签订合作协议 （2）公共部分利润三七开，三成归村集体旅游公司，七成归村民
社会资本	（1）投资开发乡村客栈酒店（乡村客栈服务中心、精品村舍院落、水舍餐厅、农田乐园、田园步道） （2）进行乡村生活综合体的创意和专业商业开发	（1）通过村集体场地租赁或出让的方式，整体建设满足游客住宿需求的民宿 （2）通过合作、租赁、输出等方式提供商品或专业服务
农户	自家民居的内部改造	（1）资金来源：劳务收入、贷款、政府补贴等 （2）农户可以选择将房屋租赁给股份公司，与旅游投资公司签订合作协议

2.7　小结

　　操盘手眼中的旅游景区规划是超规划，是全规划，是拿在自己手中能用的规划。旅游景区规划不仅仅是项目行政主管单位报批报建时的材料；也是组建实施主体，选择分部实施单位的参考依据；更是投资决策人做出正确决策的重要依据；还是协调政府关系，明确政企责任的实施依据。因此，作为一个操盘手或操盘团队，不仅要看得懂规划，还要能超越编制单位，能用上规划，这样才有利于科学决策，最终有利于项目发展。

第三章

大型旅游项目驱动下土地供给模式创新

——C古镇项目的历时性分析

3.1 前言

（1）过往的"一贯做法"不等于现在的"无法突破"，需认清法律和政策的本质，C古镇走出的"毛地出让"就是一个典型。

（2）对于历史城镇开发而言，土地和房屋资源供给的最大难点和重点在于解决历史遗留问题，使得跨越百年的历史建筑符合现代建设体系的要求和规范。

（3）规划是一个系统工程，各类规划体系是国家和城市发展过程中不同板块、不同层次规划内容的反映。但由于编制主体和侧重点有所不同，不同规划体系在同一空间资源下难以实现完全兼容，由此容易引发系列问题。

（4）我国现有土地制度承袭了悠久的历史沿革，也有其历史必然性，但如今仍有诸多值得突破之处。例如，采取预征地指标调剂模式而非项目指标调剂模式，实现土地推动项目而非项目倒逼土地，以提升土地资源利用效率，缩短项目前期工作准备周期。

3.2　研究背景

3.2.1　行业背景

近年来，中国旅游业进入快速增长的黄金时期。根据中国旅游研究院统计，2019 年，全年国内旅游人数突破 60 亿人次，同比增长 8.4%；全年实现旅游总收入 6.63 万亿元，同比增长 11%；旅游业对 GDP 的综合贡献为 10.94 亿元，占 GDP 总量的 11.05%[①]。在国家经济发展进入新常态下，旅游产业投资持续增长，吸引了政府投融资平台、民营企业、非旅企业的跨界投资和大规模进入。《2019 中国文旅产业投融资研究报告》指出，2019 年文旅行业投资规模合计 1.79 万亿元，各类旅游基金纷纷成立，国内超过 60% 的百强房企进军文旅市场，有 10 家以

[①]　2019 年旅游市场基本情况 [R]. 中国旅游研究院 , 2020.

上的百强房企专门成立文旅集团，布局文旅行业成为房企转型的新趋势。同时，文旅行业发展逐步成为国家层面的战略要求，成为满足人民日益增长的美好生活需要、助推乡村振兴战略、促进全域旅游发展的重要抓手。

在新的时代背景下，文旅行业也出现了新的变化，主要体现在以下三点。第一，产业融合深化。文旅行业已形成了旅行社、餐饮、酒店、景区景点、旅游商店、旅游车船、休闲娱乐设施等为一体的产业链，旅游与农业、零售业、地产、交通、金融等相关产业的深度融合促进了新业态的出现，文化旅游、文化创意、科技融合创新等新一代沉浸式体验消费开始崛起。第二，消费升级凸显。随着旅游消费升级，传统观光旅游的业态、产品和服务已不能满足现阶段游客的需求，多样化、个性化、品质化的旅游新产品相继被开发出来，游客需求的挖掘和精准营销的重要性也越发显现。第三，研发运营导向。针对文旅行业的研发投入不断增加，借助美学、设计学、心理学、社会学等多学科的专业融合来洞察其背后的商业规律。同时，专业的运营管理逻辑也被运用到文旅行业当中，以谋求行业的可持续发展。

一般而言，只要不是脱离空间的文旅业态形式，或多或少都会涉及用地需求。因此，土地应用便成为文旅行业一座绕不开的大山。然而，土地种类、土地性质、土地规模、土地指标、土地调规、批次用地、发展备用地、土地组件等专用名词和知识，让外行人看得眼花缭乱；土地应用涉及计划经济模式下的闭环管理，封闭系统下的审批层次和审批权限有其沉淀多年的、固定的运转机制，又加重了土地应用的难度和降低了土地操作的公开透明度，中间存在着大量的寻租空间。因此，考虑到大型旅游项目开发对旅游用地有巨大的需求，本章以 C 古镇为案例，采取个案研究的方法，探讨大型旅游项目驱动下的土地供给问题。

3.2.2　项目背景

C 古镇，位于广东省 K 市西南方，因其历史留存的浓厚华侨文化和规模宏大、保存完整、别具风格的骑楼建筑群被评为第一批"中国特色小镇"。C 古镇与广东省唯一的世界文化遗产"KP 碉楼与村落"相毗邻，具有良好的资源禀赋和地理位置优势，是珠三角地区唯一适合打造成"文化 + 自然"大型休闲度假目的地的古镇资源。2015 年，在广东省和江门市的大力推动下，K 市实施"旅游强市"的战略部署，积极推进 K 市全域旅游，百年古镇迎来复兴的重大机遇。

旅游项目开发前都面临着一个发展路径的选择问题，而 C 古镇应该选取开放式还是封闭式的发展路径？笔者认为，开放式路径具有产权分散，投资主体多元、多样的特征，主要代表有凤凰、平遥、丽江等旅游景区；而封闭式路径本质上具有产权集中、投资主体单一甚至唯一的特征，主要代表有乌镇、台儿庄、拈花湾等旅游景区。基于发展阶段特征和发展速率对二者进行比较，可发现开放式路径的起步速度快但加速度慢，发展到一定程度后将明显出现天花板和瓶颈，且突破成本极高；而封闭式路径的起步速度慢但加速度快，发展的天花板相对更高，且发展的成本集中于前期，后期成本更加可控和可为（见图 3-1）。

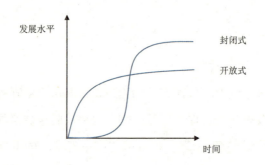

图 3-1　开放式与封闭式路径的发展情况对比

实际上，经过近十年来旅游景区的自发演变以及学术界学者的讨论，当地政府已经更倾向于选择封闭式的发展路径并招募开发商战略合作进行。通过对典型旅游景区实践、投资商基本逻辑、政府政策导向的分析，可以认为 C 古镇选择封闭式的发展路径是必然选择、唯一选择以及历史选择。

第一，从典型旅游景区的实践来看，目前已有不少特色小镇的开发先例可供决策者借鉴，较为典型的是凤凰、丽江、乌镇和拈花湾四个古镇产品。凤凰和丽江两个古镇景区产权分散，旅游投资起步早发展快，但出现的问题和负面影响也较多，从发展初期产生的欺客、拉客、追客、宰客、二次菜单、地沟油、等现象，到后期产生的围城收费（相当于变相强制收费）、暴力伤人等现象，让地方政府防不胜防。而乌镇和拈花湾两个古镇景区选择了产权统一模式进行经营，一方面实现整体开发，由专业开发团队因地制宜地整体规划和建设，按照"修旧如旧"的原则进行历史建筑的保护及再开发，降低政府的执法成本；另一方面实现统一运营，减少乃至杜绝各类负面情况发生的可能性，根据景区的统计，乌镇和拈花湾两个景区几乎没有发生过被游客投诉的情况。另外，对标乌镇与拈花湾两个景区，分析C古镇在资源禀赋、交通区位、政府支持、竞争情况、施工难度等方面的现状和特征，可认为C古镇具备参考乌镇和拈花湾景区选择封闭式开发路径的条件（见表3-1）。

表3-1　C古镇、乌镇和拈花湾的关键成功要素

类目	C古镇	乌镇	拈花湾
资源禀赋	（1）著名的侨乡古镇、文化古镇、影视古镇和美食古镇，文化底蕴深厚（2）周边有广东省唯一的世界文化遗产——KP碉楼群	（1）完整保存原有晚清和民国时期水乡古镇的风貌和格局，历史悠久，文化灿烂（2）靠近大都市，周边旅游资源相对匮乏	（1）无锡太湖马山半岛，有以灵山大佛为支柱的核心旅游度假产业（2）毗邻中国佛教文化旅游的标志性文化景区之一——灵山胜境景区，禅意文化、佛教文化突出

类目	C古镇	乌镇	拈花湾
交通区位	（1）C古镇两小时车程内常住人口6964万（广州、深圳、佛山等） （2）港珠澳大桥、中开高速、深茂铁路的陆续开通大大提高项目可达性	乌镇两小时车程内常住人口7163万（上海、苏州、杭州等）	拈花湾两小时车程内常住人口约9507万（苏州、无锡、南京、上海等）
政府支持	（1）广东省重点项目 （2）古镇内所有资源都给予项目公司 （3）政府出让碉楼公司控股权	（1）完成当地居民的拆迁和安置 （2）将景区内所有资源都给予合资公司，并赋予管理层足够的权力	当地国企经营，拥有一定政策资源、资本实力和资产运营能力
竞争情况	无直接竞争者	江苏周庄、同里、甪直，浙江西塘、南浔	无直接竞争者
施工难度	（1）一年四季均可施工 （2）处于平原，交通便利	同C古镇	同C古镇

数据来源：中经数据.https://ceidata.cei.cn/jsps/Default

第二，从投资商的基本逻辑来看，投资商并不会长期持有资产，使资产变现并且快速变现才是他们所追求的目标。在实际投资行为当中，投资商钟情于商业用地和住宅用地，因为这两种土地通过产权分割的方式可以进行交易变现。因此，由于旅游投资具有前期投入资金较大、投资回收期较长的特点，投资取得的产权成为投资商的核心增值资产。

第三，从政府的政策导向来看，当地政府希望通过旅游开发带动地区经济发展，提升项目周边的土地价值，但是只有通过大体量的资本投入和大体量的产品输出才能使周边土地价值整体提升。因此，政府在招商引资过程中，在整体征收、统一产权起步投资大的情况下，一般会提供一定量的配套地作为优惠奖励来吸引旅游投资者，满足投资商对土地的需求。政府通过整体征收，又会产生安置、回迁、新建等行为，从运营逻辑上开辟了政府经营城市的第二战场。

　　综上所述，资金重、体量大、周期长、资本厚的投资特征决定了 C 古镇选择产权清晰、统一经营的开发模式，对土地和资产产生强大的依赖性。在 C 古镇项目进行整体征收、统一产权的过程中，C 古镇项目从生地到熟地的过程中遇到了哪些问题？而产生这些问题的原因以及解决办法又是如何的？这些问题的解答都依赖于对 C 古镇项目土地开发全过程的微观探究。

3.3 规划体系和土地基本知识

在回顾 C 古镇项目土地开发全流程之前，需要对规划体系以及土地基本知识进行梳理，可归纳为"三位一基"。"三位"是指在整个规划体系中，发挥基础性作用的三种规划，即国民经济和社会发展规划体系、城乡规划体系和土地利用总体规划体系；"一基"是指土地法规体系、土地权属、土地取得方式、土地基本保护制度等土地基本知识。

3.3.1 规划体系——"三位"

3.3.1.1 国民经济和社会发展规划

国民经济和社会发展规划（又称"五年规划"，以下简称"经规"）是全国或某一地区经济社会发展的总体纲要，体现国家或地方在规划时期内对国民经济的主要活动、科技进步的主要方向、社会发展的主要任务以及城乡建设各领域各方面所作的全面规划部署和安排。经规是具有战略意义的指导性文件，也是国家履行经济调节、市场监管、社会管理和公共服务等职能的重要依据。经规一般呈现出"国家级、省级、地市级、区县级"自上而下的四个层级，如《国民经济和社会发展第十三个五年规划纲要》(简称"十三五规划")、《广东省十三五规划》、《江门市十三五规划》、《K市十三五规划》等。

3.3.1.2 城乡规划

城乡规划(以下简称"城规")是指各级城乡人民政府对一定时期内城乡社会和经济发展、土地利用、功能分区、空间布局以及各项建设的统筹安排[①]。城规是政府调控城乡空间资源、指导城乡发展建设、合理利用自然资源、保护生态和自然环境、保障公共安全和公共利益的重要公共政策之一。城规由政府或城乡规划主管部门以《城乡规划法》作为主要法律依据组织编制。

城规包括城镇体系规划、城市规划、镇规划、乡规划和村庄规划。城市规划、镇规划分为总体规划和详细规划，详细规划分为控制性详细规划和修建性详细规划。总体规划是对城市性质、规模大小、发展方向等城市整体布局的规划，一般以20年为规划期；总体规划下又分为数期的近期建设规划，一般以5年为规划期，如《K市城市总体规划(2016—2020)》《K市

---

① 城乡规划学名词审定委员会.城乡规划学名词[M].北京：科学出版社，2020：3.

C 镇总体规划》。详细规划是总体规划更进一步的具体化，主要针对城市近期建设范围内的建筑物、公共事业、公园绿地等细部设施做更具体的布置。控制性详细规划依据已批准的城市总体规划或分区规划，对具体地块的土地利用和建设提出控制指标，如地块用途、建筑密度、建筑高度、容积率、绿地率、基础设施和公共服务设施配套等，用以控制建设用地性质、使用强度和空间环境，是建设主管部门作出建设项目规划许可的依据，如《K 市 C 古镇旧圩镇改建控制性详细规划》；修建性详细规划依据已经依法批准的控制性详细规划，对所在地块的建设提出具体的安排和设计，如《K 市 C 古镇景区修建性详细规划》。

3.3.1.3 土地利用总体规划

土地利用总体规划（以下简称"土规"）是指各级人民政府依据国民经济和社会发展规划、国土整治和资源环境保护的要求、土地供给能力以及各项建设对土地的需求，对土地的开发、利用、治理、保护在空间和时间上所作的总体安排和布局[①]。土规确定的耕地保护底线、占保平衡原则、建设用地范围和指标审批制度是国家指导土地管理，落实土地宏观调控和土地用途管制，规划城乡建设的基本依据。土规由国土资源部以《土地管理法》作为主要法律依据编制，一般规划时长为 15 年，如《全国土地利用总体规划纲要（2006—2020 年）》。

---

① 城乡规划学名词审定委员会. 城乡规划学名词 [M]. 北京：科学出版社，2020：6.

3.3.1.4 "三规" 比较

（1）编制管理比较

经规、城规、土规三者之间的关系可以简单概括为：经规定"目标"，城规定"方位"（发展方向和空间布局），土规定"指标"（建设用地规模）。经规是编制城规和土规的重要依据，具有战略性、指导性和政策性。城规依据经规确定城市发展的规模、速度和内容等，城规提出的城镇性质、规模和发展目标、重大基础设施布局和建设等也可作为经规的依据。关于生产力布局、人口、城乡建设以及环境保护等方面的发展计划与城规、经规都有着密切的关系。城规与土规的侧重点各有不同，城规主要从城乡各项建设的空间布局进行考虑，在确定的建设用地规划范围内调整土地的空间利用，侧重于建设项目的空间布局和对建设活动的引导控制；土规主要处理建设用地和农用地的关系，严格限制农用地转为建设用地，控制建设用地总量，通过规定土地用途实现合理利用土地和切实保护耕地的目的。土规是城乡发展各类土地利用项目审批的法定依据。任何一个项目建设的第一步，均是属地政府向其市国土部门提请调整区内土地利用总体规划，覆盖建设用地规模。

表 3-2 "三规"比较表

	类目	国民经济和社会发展规划	城乡规划	土地利用总体规划
编制	规划期限	5 年	20 年	15 年
	法律依据	宪法	城乡规划法	土地管理法
	编制依据	—	国民经济和社会发展规划	上层土地利用总体规划
	主要内容	发展目标	建设空间布局	耕地保护范围、建设用地总量和年度指标
	编制方式	独立	独立	自上而下
管理	主管部门	发展和改革委员会（发改委）	城乡规划主管部门（住建部）	土地行政主管部门（自然资源部）
实施	实施力度	指导性	约束性	强制性

（2）用地分类比较

城乡规划用地分类标准采用《城市用地分类与规划建设用地标准》（GB 50137-2011），土地利用总体规划用地分类标准采用《市（地）级土地利用总体规划编制规程》（TD/T1023-2020）。虽然城规和土规的规划对象都是规划区范围内的土地，但是由于两个规划分属不同主管部门，所以在土地利用分类上也存在较大差异。城规采用城镇用地分类标准，土规采用土地分类标准，导致两规中相同类型的土地其代号系统有所不同，对照起来还需要转换。此外，两规中土地分类名称相同，而含义互相包含、各有侧重、内涵不同等现象也非常普遍。用地分类的明显差异，造成了两规协调衔接上的巨大困难。

表 3-3　土地利用总体规划与城市规划用地分类对照表

《市（地）级土地利用总体规划编制规程（TD/T1023–2020）》			《城市用地分类与规划建设用地标准（GB 50137–2011）》	
一级类	二级类	三级类	地类代码	地类名称
农用地	耕地	水田	E2	农林用地（包括耕地、园地、林地、牧草地、设施农用地、田坎、农村道路等用地）
		水浇地		
		旱地		
	园地	—		
	林地	—		
	牧草地	—		
	其他农用地	设施农用地		
		农村道路		
		田坎		
		农田水利用地	E13	坑塘沟渠
		坑塘水面		
建设用地	城乡建设用地	城镇用地	R	居住用地
			A	公共管理与公共服务设施用地
			B	商业服务业设施用地
			U	公用设施用地
			M	工业用地
			W	物流仓储用地

《市（地）级土地利用总体规划编制规程（TD/T1023-2020）》			《城市用地分类与规划建设用地标准（GB 50137-2011）》	
一级类	二级类	三级类	地类代码	地类名称
建设用地	城乡建设用地	城镇用地	S	道路与交通设施用地（除区域交通用地 H2 外）
			G	绿地与广场用地
			H3	区域公用设施用地
		农村居民点用地	H12	镇建设用地
			H13	乡建设用地
			H14	村庄建设用地
		采矿用地	H5	采矿用地
		其他独立建设用地	M	工业用地
			W	物流仓储用地
			U2	环境设施用地
	交通水利用地	铁路用地	H21	铁路用地
		公路用地	H22	公路用地
		民用机场用地	H24	机场用地
		港口码头用地	H23	港口用地
		管道运输用地	H25	管道运输用地
		水库水面用地	E12	水库
		水工建筑用地	U32	防洪用地
	其他建设用地	风景名胜设施用地	B14	旅馆用地
			A7	文物古迹用地

《市（地）级土地利用总体规划编制规程（TD/T1023-2020）》			《城市用地分类与规划建设用地标准（GB 50137-2011）》	
一级类	二级类	三级类	地类代码	地类名称
建设用地	其他建设用地	特殊用地	H41	军事用地
			A8	外事用地
			H42	安保用地
			A6	社会福利用地
			A9	宗教用地
			H3	区域公共设施用地（殡葬设施）
		盐田	H5	采矿用地
其他土地	水域	河流水面	E11	自然水域
		湖泊水面		
		滩涂		
	自然保留地	—	E9	其他非建设用地

3.3.1.5 "三规合一"

目前，以上三个规划由于编制部门和管理方式不同，在实施中各自为政，存在诸多不协调之处，令地方政府无所适从，规划难以得到有效的执行和实施。然而，空间资源具有唯一性，在现阶段强调城乡统筹、土地集约利用等背景和要求下，探索"三规分立"走向"三规合一"的有效途径已成为各地促进经济发展的重要任务。

2015年2月，广东省印发《广东省"三规合一"工作指南（试行）》，促进城镇化健康发展。"三规合一"是指以国民经济和社会发展规划为依据，加强城乡规划与土地利用总体规划的衔接，确保"三规"确定的保护性空间、开发边界、城市规模等重要空间参数的一致，并在统一的空间信息平台上划定生态控制线、基本农田控制线、城市增长边界控制线和产业区块控制线等，建立控制线体系，以实现优化城乡空间布局、有效配置土地资源、促进土地节约集约利用、提高政府行政效能的目标。

控制线体系是其中较为关键的空间参数，是指各部门为统筹协调各项规划的空间边界和目标指标，共同协商建立统一的控制线，并以此作为"三规"及相关规划共同遵守和执行的底线，从根本上保障"三规"核心控制要素在土地空间布局上的协调一致，实现规划协同。"三规合一"控制线体系包括一级和二级控制线体系：一级控制线体系包括生态控制线、基本农田控制线、城市增长边界控制线和产业区块控制线；二级控制线包括绿线、蓝线、黄线、紫线（合称"四线"）。其中，绿线是指各类绿地范围内的控制线，蓝线是指城市规划确定的江、河、湖、水库、渠和湿地等城市地表水体保护和控制的地域界线，黄线是指对城市发展全局有影响的、城市规划中确定的、必须控制的城市基础设施（包括公共交通、市政公用、防震减灾和环保等）用地的控制界线，紫线是指国家历史文化名城内的历史文化街区和省人民政府公布的历史文化街区以及历史文化街区外经县级以上人民政府公布保护的历史建筑的保护范围界线。

控制线体系部分是强制规定，部分是市县自定义，具有动态调整的空间，可进行整体修改和局部修改。理论上所有控制线均可以调整，只是涉及成本和程序的问题。如果落地项目效益突出，是当地的重大项目，当地政府将可能为其在政策法规允许下清除一些障碍，剩下只涉及程序时间的问题，但有时也需要把握国家政策的阶段性特征和导向。例如，近年来，在环保管理极其严格的基础上，生态控制线的调整就不合时宜，同时也会遇到许多非制度性的阻碍。据统计，近五年来，国家在环保方面的立法比过去五十年都要多。

为解决不同规划的衔接和重叠问题，自 2019 年开始，我国开始由三规合一进阶到全面推行国土空间规划编制审批和实施管理工作。国土空间规划是一定时期内对区域范围内国土空间开发保护做出的总体安排和综合部署，规划期限限为 2020—2035 年。我国提出建立"五级三类"的国土空间规划体系，五级包括国家级、省级、市级、县级和乡（镇）级；三类包括总体规划、专项规划、详细规划。

3.3.2 土地基本知识——"一基"

3.3.2.1 土地法规体系

土地涉及的法规体系可以分为宪法、土地法律、土地行政法规、地方性法规、行政规章、地方行政规章、其他土地规范性文件等类别，自上而下地发挥效力。土地法规体系涉及的国家部门包括国土、规划、住建等，本节以国土法规为主（见表3-4）。

表 3-4　主要土地法律法规（国土部门）

分类	重要土地法规名称	时间
①法律	《中华人民共和国土地管理法》	2019 年修正
	《中华人民共和国城乡规划法》	2019 年修正
	《中华人民共和国城市房地产管理法》	2019 年修正
	《中华人民共和国耕地占用税法》	2019 年施行
	《中华人民共和国农村土地承包法》	2018 年修正
	《中华人民共和国物权法》	2007 年施行
②土地行政法规	《中华人民共和国土地管理法实施条例》	2014 年修订
	《国有土地上房屋征收与补偿条例》	2011 年施行
	《城市房地产开发经营管理条例》	2011 年修订
	《中华人民共和国城镇土地使用税暂行条例》	2006 年修订
③地方性土地法规	《广东省土地利用总体规划条例》	2009 年施行
④土地行政规章	《土地利用总体规划管理办法》	2017 年实施
	《土地利用年度计划管理办法》	2016 年实施
	《不动产登记暂行条例实施细则》	2016 年实施
	《征收土地公告办法》	2010 年修正
	《土地登记办法》	2008 年实施
	《招标拍卖挂牌出让国有建设用地使用权规定》	2007 年实施
⑤地方行政规章	《广东省集体建设用地使用权流转管理办法》	2005 年实施
	《广东省征收农村集体土地留用地管理办法（试行）》	2009 年实施
	《广东省土地利用总体规划实施管理规定》	2013 年实施
	《中华人民共和国城镇土地使用税暂行条例》	2007 年实施

分类	重要土地法规名称	时间
⑤地方行政规章	《城市房地产开发经营管理条例》	2011 年修订
⑥其他规范性文件	《关于加强征收农村集体土地留用地安置管理工作的意见》	2016 年实施
	《市县乡级十地利用总体规划编制指导意见》	2009 年实施
	《关于补足耕地数量与提升耕地质量相结合落实占补平衡的指导意见》	2016 年实施
	《国土资源部关于严格土地利用总体规划实施管理的通知》	2012 年实施

3.3.2.2 物权及土地权属

物权是指权利人依法对特定的物享有直接支配和排他的权利，包括所有权、用益物权和担保物权[①]。

（1）用益物权

用益物权是指对他人所有的不动产或动产，依法享有占有、使用和收益的权利[②]。国家所有或国家所有由集体使用以及法律规定属于集体所有的自然资源，单位、个人依法可以占有、使用和收益。因不动产或者动产被征收、征用导致用益物权消灭或者影响用益物权行使的，用益物权人有权依法获得相应补偿。

（2）土地所有权

我国实行土地的社会主义公有制，即全民所有制和劳动群

---

① 中华人民共和国物权法 . 第二条 [Z].2007-03-16.
② 中华人民共和国物权法 . 第一百一十六条 [Z].2007-03-16.

众集体所有制^①。全民所有制，即国家所有土地的所有权由国务院代表国家行使。城市市区的土地属于国家所有；农村和城市郊区的土地，除由法律规定属于国家所有的以外，属于农民集体所有；宅基地和自留地、自留山，属于农民集体所有。

（3）土地使用权

土地使用权是指国家机关、企事业单位、农民集体和公民个人，以及三资企业，凡具备法定条件者，依照法定程序或依约定对国有土地或农民集体土地所享有的占有、利用、收益和有限处分的权利^②。国有土地和农民集体所有的土地，可以依法确定给单位或者个人使用。土地使用权也可以看作土地的一种用益物权，包括土地承包经营权、建设用地使用权、宅基地使用权和地役权。

3.3.2.3 土地取得方式

我国实行土地社会主义公有制。国有土地所有权由国务院代表国家行使。可以通过划拨、出让、出租、作价入股或出资、授权经营等方式取得土地使用权；因乡镇企业、乡（镇）村公共设施、公共事业、农村村民住宅等乡（镇）村建设而需占用集体土地的，应向集体经济组织或村委会办理审批手续。建设单位使用国有土地，一般应以出让等有偿方式获得，有特殊规定的除外。下面主要介绍出让、转让、划拨三种土地取得方式。

---

① 中华人民共和国土地管理法.第二条 [Z].2019-09-05.
② 城乡规划学名词审定委员会.城乡规划学名词 [M].北京：科学出版社，2020：90.

（1）土地使用权出让

土地使用权出让是指国家将国有土地使用权在一定年限内出让给土地使用者，由土地使用者向国家支付土地使用权出让金的行为。①

土地使用权出让，可以采取拍卖、招标或者双方协议的方式。商业、旅游、娱乐和豪华住宅用地，有条件的，必须采取拍卖、招标方式；没有条件，不能采取拍卖、招标方式的，可以采取双方协议的方式。

土地使用权出让最高年限按下列用途确定：①居住用地七十年；②工业用地五十年；③教育、科技、文化、卫生、体育用地五十年；④商业、旅游、娱乐用地四十年；⑤综合或者其他用地五十年。

另外，需要强调的是城乡规划体系与土地使用权出让是相互衔接的，第一，在城市、镇规划区内以出让方式提供国有土地使用权的，在国有土地使用权出让之前，市、县人民政府城乡规划主管部门，应当根据控制性详细规划，提出出让地块的位置、使用性质、开发深度等规划条件，作为国有土地使用权出让合同的组成部分。第二，以出让方式取得国有土地使用权的建设项目，在签订国有土地使用权出让合同后，建设单位应提交建设项目的批准、核准、备案文件和国有土地使用权出让合同，向市、县人民政府城乡规划主管部门领取建设用地规划

---

① 中华人民共和国城镇国有土地使用权出让和转让暂行条例．第二章 [Z]．2020-11-29.

许可证。但在实际操作中，因为某些原因，出现出让地块所处的区域未完成控制性详细规划的编制；相邻地块分批次、分块状出让；国有土地使用权出让合同未签订，但当地行政长官因时间紧迫而以非正式的方式催促开工建设等问题，这些问题的解决十分考验地方行政管理部门的执政水平和能力，具体的解决举措将在下面章节的案例分析过程中进行探讨。

（2）土地使用权转让

土地使用权转让是指土地使用者将土地使用权再转让的行为，包括出售、交换和赠予。未按土地使用权出让合同规定的期限和条件投资开发、利用土地的，土地使用权不得转让[①]。

（3）划拨土地使用权

划拨土地使用权是指县级以上人民政府依法批准，在土地使用者缴纳补偿、安置等费用后，将该宗土地交付其使用，或者将土地使用权无偿交付给使用者使用的行为[②]。

建设单位使用国有土地，应当以出让等有偿使用方式取得；但是，下列建设用地，经县级以上人民政府依法批准，可以以划拨方式取得：①国家机关用地和军事用地；②城市基础设施用地和公益事业用地；③国家重点扶持的能源、交通、水利等基础设施用地；④法律、行政法规规定的其他用地。

---

① 中华人民共和国城镇国有土地使用权出让和转让暂行条例.第十九条[Z]. 2020-11-29.
② 中华人民共和国城镇国有土地使用权出让和转让暂行条例.第四十三条[Z]. 2020-11-29.

3.3.2.4 土地基本保护制度

（1）耕地和基本农田保护及占补平衡原则

国家保护耕地，严格控制耕地转为非耕地。国家实行占用耕地补偿制度，非农业建设经批准占用耕地的，按照"占多少，垦多少"的原则，由占用耕地的单位负责开垦与所占用耕地的数量和质量相当的耕地。各类城市建设涉及占用耕地的，必须落实先补后占和直接补充耕地或水田要求，实现耕地占补平衡[①]。

国家实行基本农田保护制度。基本农田是指按照一定时期人口和社会经济发展对农产品的需求，依据土地利用总体规划确定的不得占用的耕地。地方各级人民政府应当采取措施，确保土地利用总体规划确定的本行政区域内基本农田的数量不减少。基本农田保护区经依法划定后，任何单位和个人不得改变或者占用。

为保证粮食安全，国家坚守 18 亿亩耕地保护红线，确保实有耕地数量稳定、质量不下降。根据《全国土地利用总体规划纲要（2006—2020 年）调整方案》，到 2020 年，全国耕地保有量为 18.65 亿亩，基本农田保护面积为 15.46 亿亩以上，建设用地总规模为 61079 万亩以内。

（2）土地用途管制制度

国家实行土地用途管制制度。国家编制土地利用总体规

---

① 中华人民共和国土地管理法实施条例 . 第八条 [Z]. 2021-09-01.

划，规定土地用途，将土地分为农用地、建设用地和未利用地[①]。各级人民政府应当加强土地利用年度计划管理，严格限制农用地转为建设用地，实行建设用地总量控制。土地利用年度计划一经批准下达，必须严格执行。土地利用年度计划应当包括下列内容：①农用地转用计划指标；②耕地保有量计划指标；③土地开发整理计划指标。

建设占用土地，涉及农用地转为建设用地的，应当办理农用地转用审批手续，将农用地用方案、补充耕地方案、征收土地方案分批次逐级上报审批；且应当符合土地利用总体规划和土地利用年度计划中确定的农用地转用指标。城市和村庄、集镇建设占用土地，涉及农用地转用的，还应当符合城市规划和村庄、集镇规划。

（3）土地规划权限

下级土地利用总体规划应当依据上一级土地利用总体规划编制。地方各级人民政府编制的土地利用总体规划中的建设用地总量不得超过上一级土地利用总体规划确定的控制指标，耕地保有量不得低于上一级土地利用总体规划确定的控制指标。

《广东省土地利用总体规划修改管理规定》明确，属下列情形之一，确需修改土地利用总体规划的，可以申请修改土地利用总体规划：①国家和省重点建设项目用地；②能源、交通、水利、矿山、军事设施等对选址有特殊要求的单独选址建设项

---

① 中华人民共和国土地管理法.第四条 [Z]. 2019-09-05.

目用地;③经国务院或省人民政府批准行政区划调整后，对规划实施和土地管理产生较大影响;④灾后重建用地等;⑤国家和省人民政府规定的其他情形。

3.4 C古镇项目土地开发全流程回顾

3.4.1 C古镇项目的独特性

C古镇项目的根和魂在于华侨文化，而建筑是文化的重要表现形态之一。无论是从文物保护的法理性，还是从土地开发的必要性来看，传统的土地净地出让操作并不适用于该项目。

第一，从重大价值保护的法理性来看，C古镇是遐迩闻名的中国特色小镇、中国历史文化名镇、广东省中心镇、广东省新型城镇化"2511"综合试点镇。C古镇项目是出于文物保护和整体提升的目的而启动，征收范围内涉及的骑楼建筑具有重要的历史价值、艺术价值、科学价值和社会经济文化价值。如果把骑楼建筑全部拆除后出让土地，不仅与文物保护规划等法定文件相冲突，也失去了征收的意义。

第二，从维护社会稳定的必要性来看，C古镇项目是社会普遍关注、海外华侨共同期盼的广东省重点项目。该项目的成功开发能拉动地方经济发展，为地方提供大量就业机会。而骑楼和历史建筑是华侨文化的象征，是 C 古镇文脉的根。如果拆除历史建筑，将遭到海外华侨的强烈反对，影响社会稳定。

第三，从弘扬华侨文化的必要性来看，C 古镇项目定位为华侨文化展示旅游项目，希望在充分保护文物与历史建筑的基础上适度合理开发，重现 C 古镇的辉煌历史，将其打造成为中国古镇文化旅游新地标，成为华侨文化展示的窗口和平台以及文物活化保护示范区。

第四，从古镇旅游开发的必要性来看，C 古镇内的骑楼建筑是珍贵的文化遗产，是旅游吸引物的核心，是旅游体验的重要载体。在旅游开发中，拆旧建新的方式已经过时，"拆老古董，建新假古董"的做法已饱受诟病，因此，拆除房屋后出让已不符合经济发展的客观规律。

第五，从土地房屋一体的必要性来看，C 古镇的土地和房屋是作为一个整体而存在的，不能拆除一片保留一片，否则将无法留存骑楼建筑界面的连续性和打造建筑景观的独特性。同时，C 古镇的骑楼建筑已通过房屋安全鉴定，在结构和安全上满足使用功能，符合出让条件。

因此，土地出让时保留房屋等地上附着物是 C 古镇项目土地开发的必然选择，也是唯一选择。然而，这大大增加了 C 古镇项目的土地应用难度，并随之带来一系列问题。但总的来说，C 古镇项目所采取的"土地使用权公开出让、房屋跟随土地挂牌转让"的毛地出让模式，属广东省首例，开启了大规模国有土地上带附着物出让的先河。

3.4.2　C古镇项目土地问题的难点

土地及地上附着物一并出让存在各种难度（见图3-2）。总的来看，可以归纳为以下三点。

第一，权属不一。我国实行土地社会主义公有制，土地所有权归属国家，其他主体只有土地使用权，而地上的所有权则应按《物权法》规定所属。

第二，管理部门复杂。土地管理和建筑空间规模、控高、容积率归属自然资源部门，文物保护单位的利用保护权归属文物部门，历史建筑归属住建部门，水资源利用归属环保部门，航道使用归属航道部门，防洪堤坝归属水务部门等，各部门有各自管辖的对象和范围而又相互牵制。

第三，开发流程长。土地开发和地上资产开发流程如图3-3和图3-4所示。初步统计，土地开发约有26个步骤，地上资产开发约有18个步骤。一般的房地产开发只涉及最后四个流程——招拍挂交易、签订出让合同、核发《建设用地批准书》、办理土地登记，前面22个土地熟化的过程与流程均未参与和推动。

图 3-2 土地及地上附着物一并出让的难点示意图

图 3-3 土地开发流程图

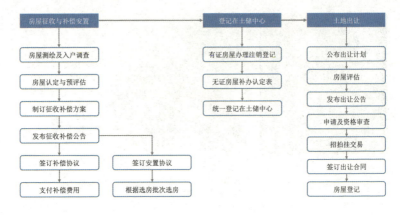

图 3-4　地上资产开发流程图

3.4.3　C古镇项目土地应用遇到的问题及解决办法

上述两个小节阐述了C古镇项目土地和房屋一并出让的必要性和复杂性，接下来进一步梳理遇到的问题和实际采取的解决办法。C古镇项目开发过程（含建设阶段）中遇到了四大问题：

（1）土地调规和指标供给问题

C古镇项目需要大量的建设用地，甚至占用大量的基本农田（古镇内新增用地约600亩，全部为基本农田；古镇新区及外围市政建设新增用地约2700亩，其中2000亩为基本农田）。根据国家的土地用途管制制度，在建设前，需要调整土地利用总体规划，将农用地转为建设用地。根据《广东省土地利用总体规划修改管理规定》（粤府办〔2013〕3号），国家和省重点建设项目用地可以申请修改土地利用总体规划。C古镇项目于2016年被列入广东省重点建设项目，允许对土地利用总体规划进行一定的调整。但是，土地利用总体规划的调整是个流程烦琐的封闭工作，如图 3-5 所示。整个过程涉及镇、县、市、省、中央五个行政层次，以及 18 个相关单位才能调整到位。

图 3-5　土地利用总体规划调整流程

土地调规完成后，国家通过"土地利用年度计划指标"这个调节器对土地开发规模进行约束。因此，项目土地供应需获取相关建设用地指标，如涉及占用基本农田，还需先落实水田指标覆盖后，才能申请用地指标。C 古镇项目协调佛山市借用水田储备指标 500 亩，通过土地整理复垦补充耕地指标，进行耕地储备指标转让，最终才获得所需全部建设用地指标。

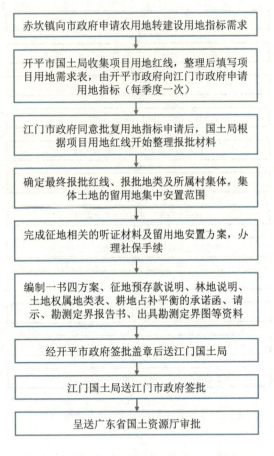

图 3-6　用地指标需求及落实报批流程图

（2）非净地出让问题

改革开放以来，国有土地使用权的出让一般采取净地出让方式，广东省自然资源厅在《关于进一步规范土地出让管理工作的通知》中明确指出"各地要严格执行'净地'出让规定"，在实施中一般的操作办法是将地上建筑物拆除干净，完成"三通一平""五通一平"甚至"七通一平"后再挂牌出让。但是在C古镇项目中，大部分地上附着物是骑楼建筑，它们都是有保留价值的资产，无论是考虑到文物保护、社会稳定还是旅游项目本身的开发，它们都无法拆除。那么，房屋和土地如何一并出让？

首先，探索房屋和土地一并出让的可能性。所谓"净地"是指"拟出让的土地必须是未设置除土地所有权以外的其他产权，安置补偿落实到位，没有法律经济纠纷"的土地。因此，"净地"并非传统层面上的无地建筑的净地，而是权属关系清晰、无法律纠纷的"干净"；并非物理上的干净。也就是说，规定土地出让应当具备净地交付条件，实质上是要求土地必须已与被征收人达成拆迁安置补偿协议，在法律层面上无权属纠纷和其他障碍。在明确其法律上的可行性后，C古镇项目采取的办法是由县级自然资源部门对"净地"的含义进行解释说明，并交办不动产中心执行。由此，不同于常见的地上建筑拆除后再进行土地出让的项目，C古镇项目的土地出让内容包括土地和地上建筑两部分，相当于物理意义上的"毛地"，因此成为首宗带大量资产"毛地"出让的案例。

扫除"净地"障碍后，出让操作环节过程中又存在登记上的问题：土地所有权归属国家，征地调规后可以纳入土地储备库，直接出让土地使用权，但地上附着物归产权人所有，一旦权属发生变更，需要办理转移登记。两者开发程序不同但又需要同步出让，如何办理土地和房屋的权属登记？C古镇采取的办法是：土地登记按原流程不变，直接纳入土地储备中心，通过公开市场招拍挂或出让；地上附着物征收后以会议纪要的形式规定，暂时登记在土储中心名下，再与土地一并整体通过公共资源交易中心挂牌出让。

　　衍生问题接踵而至。有证房屋可以直接登记，那么无证房屋呢？毕竟C古镇的骑楼历经百年沧桑洗礼，有的还是民国时期的建筑，部分房屋的房产证已经遗失或者根本没有办理初始登记。即使后补登记，也无法提供符合现阶段相关部门要求的材料，而且部分无证且予以保留的房屋转让后是企业的资产，需要补办不动产权证。根据现行《不动产登记暂行条例实施细则》第三十五条，申请国有建设用地使用权和房屋所有权首次登记的，需要提供规划、报建、竣工、测绘、验收、税费缴纳等系列证明材料。但对于历史建筑来说，这些符合相关部门要求的证明材料根本无从获取，因此无现行法规可依。C古镇所采取的操作办法是：填写无证房屋办理基本情况认定表，由征收实施主体单位、土储中心、自然资源部门、住建部门和可靠性鉴定公司盖章确认后，再办理登记程序。

（3）规划矛盾

规划矛盾问题主要包括两个方面：

其一，文物保护不可转让的问题。根据《中华人民共和国文物保护法》，国有不可移动文物不得转让、抵押。国有不可移动文物的所有权不因其所依附的土地所有权或使用权的改变而改变。一般而言，自然资源部门要求出让的宗地必须完整，不能进行内部抠除处理。经过政府相关部门的协调，自然资源部门允许将文物抠除后出让。同时，这种做法给政府留有一定的操作空间：当地政府可以将未完成征收拆迁安置补偿的历史建筑均视为文物保护单位，直接予以抠除，以推动宗地出让。

其二，分批出让的规划设计条件问题。C古镇项目总规划面积近1500亩，土地情况复杂，需要采取分地块分批次出让的方式。根据规划要求，建筑物退让边界不得少于5米，在建设时不同地块会产生合并规划设计条件冲突的问题。C古镇采取的办法是：允许不同地块合并后再统一出具规划设计条件，允许对特殊项目设置差异化的规划条件。此外，旅游景区规划存在一定的特殊性，例如，游乐设施难以达到满足限高要求。

（4）竞买人条件设置问题

C古镇项目作为K市重大招商项目，应如何合理设置竞买人条件？广东省自然资源厅2017年8月发布的《关于进一步规范土地出让管理工作的通知》指出，"土地出让公告中不得设置影响公平竞争的限制条件，不得在招标拍卖挂牌出让文件、竞买须知或竞买现场加设任何具有倾向性、歧义性、排他性条件"，但也同时指出，"在不排斥多个市场主体竞争、确保公平公正的前提下，可根据地区投资、产业、建设规划等要求设置竞买资格条件"。因此，实际设置竞买人条件需遵循的一个基本原则是"排他而不唯一"。

C古镇土地出让竞买人条件设置如下：第一，竞买人注册资本必须达到4亿元及以上；第二，竞买人（或其股东或关联企业）必须具备以下条件：①在旅游行业从事景区投资开发不少于5年；②在国内控股投资旅游景区超过10个；③在旅游行业总投资超过20亿元；④在广东省境内旅游景区投资额累计超过7亿元；⑤有5A级景区的规划、建设和管理经验；⑥有世界文化遗产保护与利用管理经验及国家重点文物保护单位的开发经验。以上条件均须提交相关证明材料。

3.5 C古镇土地开发模式的理论依据与创新实践

3.5.1 理论依据

土地开发过程体现了由土地经济向空间经济的转化。土地经济是指用规划赋予城市土地以不同的价值，比如通过改善交通条件、安排功能分区，以及确定建筑规模、容积率和建筑密度等，其价值以"地租分布曲线"形式呈现；空间经济是指城市三维空间本身的独特要素和品质产生了价值，吸附人和产业，并进一步吸引系列化的经济关系和社会关系，空间经济具有"去中心化"的特征，消解了土地经济价值的连续性[1]。

旅游景区就是空间经济的典型代表，空间的吸引力使得历史

---

[1] 张宇星. 城市"空间经济"设计的当代性 [J]. 城乡建设, 2018, 555(24):9-11.

建筑成为更具价值的资产，旅游项目用地供给的诉求从简单提升土地价值到空间经济价值生产转变，更加在乎土地上的空间所能够带来的空间价值，例如 C 古镇百年历史的骑楼建筑群代表着一种文化特色空间，其在未来是能够产生去中心化能力的资产。

3.5.2　创新实践

C 古镇项目的土地应用，主要涉及自然资源局和文物局、不动产登记局等三大板块的推进困境与难点，在攻坚克难过程中探索出了新路径、新方法。

首先，与国土局相关的有三个难点。一是基本农田调整和用地指标覆盖，其解决之道是上级协调，调动地级市委书记全面协调借用指标覆盖事宜。二是地上附着物随土地一并出让，其解决之道是国土部门对出让地块模式和做法的新尝试。C 古镇项目采取的"非净地出让"模式是重大制度创新，乃至今后是理论创新，土地出让制度可能将从"拆旧建新"向"活旧建新"的方向逐步转变。同时，C 古镇项目的做法为广东省其他地方旧建筑和古建筑的活化利用提供了一条新的商业路径的选择。国土部门通过带地上房屋出让的方式，并通过补办房屋登记的方式洗清历史复杂产权关系，而历史建筑群通过挂牌方式最大限度地保障了资产价值，证明历史建筑的价值得到市场的认可，也得到政策认可。三是合理设置竞买人条件，其解决之道在于"排他而不唯一"，此方式的成功从本质上揭示了国土部门对旅游产业用地特殊性的认可，以及在土地供应事务中对

《关于进一步规范土地出让管理工作的通知》中"根据地区投资、产业建设规划等要求设置竞买资格条件"这一条文的具体应用和灵活运用。

其次，与规划和文物局相关的难点是特殊规划条件的满足。过去几十年中，县城一级的土地大多数卖给房地产商，管理手法简单粗暴，各种参数设置冰冷而死板。C古镇项目在解决困境过程中体现了城乡规划体系的突破，创新采取相邻地块连续批次出让的方式，不再机械地服从于冰冷而僵化的退让线、控高等规定和要求。

最后，与不动产登记局相关的难点是房屋补办权属登记。根据《不动产登记暂行条例实施细则》规定，申报人准备的各项材料需从六大部门收集，相关材料收集完毕后统一送至不动产登记局由相关负责人进行补登记。在C古镇项目的实践当中，解决之道是免除申报人分散提供的各项材料，以六大部门的盖章认定表来替代，原则上符合行政程序逻辑，其关键之处在于用集体负责制的方式来分散责任，把责任和风险由申报人承担向六大部门共同承担转变。

综上，C古镇项目土地应用中遇到的各类问题的实质是旅游快速发展对土地的迫切需求与传统土地供给短缺之间的矛盾，而问题的解决体现了国家旅游用地制度在自下而上转型的背景下，土地约束条件在实践中得以重构的过程。

第四章

寻找古镇产品的商业与文化价值规律

4.1 前言

（1）规律无形而又实有，存于万物之中，万变不离其宗，本章节根据旅游六要素理论，以吃、住、行、游、购、娱六要素为载体发现古镇产品的价值规律。

（2）商业与文化价值规律的发现依托于定量分析与定性描述的相结合，并且需要从空间序列及时间序列两个维度，进行更多案例的验证。

（3）经过论证所发现的规律，既能指导业态分类、数量、布局的组合设计，又能以文化价值嬗变的路径来指导宣传推广工作。

（4）以陈 XH 团队所开发的乌镇景区为对标，由于旅游项目的非标性与具体情境的不同，对于 C 古镇项目的外部效度，仍需进行谨慎、充分的论证。

4.2 古镇产品的商业价值理念分析
——以乌镇为例

4.2.1 乌镇简介

1999 年，乌镇一期开发首推东栅片区，尽力保护古镇的原真性。从 2003 年开始，乌镇西栅着眼于建设保护与休闲旅游相结合的"休闲古镇"，完成了从观光小镇到休闲小镇的转型。在各地打造旅游小镇之时，乌镇率先提出建设文化小镇，向深层次挖掘和培养文化转变，2013 年，首届乌镇戏剧节举办。2014 年，首届世界互联网大会乌镇峰会举办，乌镇也被指定为世界互联网大会的永久会址。2016 年，乌镇国际当代艺术邀请展举办。戏剧、当代艺术、传统手工技艺、互联网技术等融入了乌镇，升级更新了文化产业链条，给游客深入立体的文化体验。从 1999 年至今，乌镇的发展经历了从观光小镇、度假小镇到文化（会展）小镇的层层递进，经过 20 年发展，成为文化和旅游融合的样本。

表 4-1　乌镇景区的旅游产品迭代

景区	核心时间节点	定位	开发模式
东栅景区	1999 年改造，2001 年开业	观光小镇（白天游）（以茅盾故居为核心）定位观光游览市场，客单价 50—60 元 / 人次	拆除不协调建筑，保护整体风貌，保留原居民，构建观感体验感受
西栅景区	2003 年开建，2006 年开业，2010 年成为 5A 级景区	度假小镇（夜间游）（以酒店客栈为核心）定位高端休闲与商务市场，住宿房间单价从 400 元 / 天到 1000 元 / 天不等	产权统一，整体开发，配套现代设施，返聘原居民，复合业态专业管理，构建浸入式体验感受
	2013 年举办戏剧节，2014 年成为世界互联网大会永久会址	文化小镇（白天 + 夜间）（以节庆会展为核心）	以文化构建景区 IP，构建文化精神感受
乌村	2014 年 4 月开建，2016 年 1 月开业	乡村旅游（卖天数）定位亲子市场，住宿房间单价在 1000 元 / 天左右	产权统一，整体开发，营造乡野气氛，返聘原居民，一价全包式旅游体验

4.2.2　陈 XH 的商业价值理念分析

笔者和团队一共收集了 82 篇材料，包括陈 XH 先生的公开采访或演讲稿，以及媒体报道新闻，总计约 28.8 万字，用于分析陈 XH 团队的产品构建过程和其中蕴含的商业价值理念。从 2014 年至 2019 年陈 XH 的演讲稿或采访稿中，提取高频关键词，可发现其在市场导向、项目选择、产品打造等方面的核心关注点（见表 4-2）。

表 4-2　陈 XH 的核心商业价值理念

内容	关注点	关键词	内容	关注点	关键词
市场导向	关注核心	市场	产品打造	竞争优势	竞争
		商业			独特
		消费			IP
		游客			唯一
	目标市场	度假			差异
		80、90、00		产品内核	内容
		中产			精神
		中高端			体验
		年轻			文化
项目选择	考虑因素	政府			生活
		资源			产业
		交通		表现形式	精致
		经济			细节
产品打造	产品定位	产品			运营
		景点			
		目的地			
		景区			

4.3　陈 XH 价值理念在古镇产品的落地形态与商业规律

4.3.1　调查说明

根据实地调研情况，本章节将业态分类由原本的六大类（餐饮、住宿、交通、景点、娱乐、购物）调整为五大类（餐饮、购物、娱乐、住宿、景点）。其中，餐饮、购物占比大且类型复杂，人工统计时对其加以详细分类，例如餐饮类的小吃细分为地方特色小吃和普通小吃。

表4-3　业态分类表

一级分类	二级类别	举例
餐饮	地方特色小吃	酸梅汤、馄饨、汤圆、粽子、蒸糕、万三蹄等
	休闲餐饮（无正餐）	茶馆、茶楼、餐吧、奶茶店、酸奶店、雪糕等
	普通小吃	热狗、手工饼、姜糖等非地方特有的小吃店/摊档
	饭店	正餐为主，比较正式，餐桌较多
	餐厅	正餐为主，餐桌较多，如乌镇的淡茶饭、大茶饭
	小餐馆	早餐快餐店为主，餐桌较少，多见于西塘
	其他	—
购物	地方特产	酒坊、花茶、苏绣、万三蹄礼包等
	服装服饰店	民国/汉唐服饰、丝绸、童装、鞋子、手袋等
	主题精品店	筷子铺、香膏香水、首饰店、灯笼、玩具等
	混合精品店	—
	纪念品店	与古镇相关的各类纪念产品
	书画纸扇店	题诗、扇、字画等
	工艺品店	梳子、乐器、木制品、茶器等（一般有现场工艺展示，现做现卖）
	超市	—
	便利店/士多	—
	其他	—
娱乐	酒吧/迪厅	音乐吧、迪厅等
	游戏体验	
	洗浴/桑拿/足疗/按摩/SPA/鱼疗	—

一级分类	二级类别	举例
娱乐	KTV	—
	影院 / 剧场 / 剧院	—
	其他	如文身
	古装拍照	—
	人物素描	—
住宿	酒店	—
	民宿	—
	青年旅舍	—

为凸显乌镇在商业与文化价值规律上的差异性和特殊性，本章节将乌镇与西塘古镇、周庄古镇进行横向比较。周庄古镇是江南水乡古镇中旅游发展最早，也是发展最快的古镇，并已进入高级商品化阶段，在古镇业态研究里具有典型性。西塘古镇也是江南水乡古镇代表之一，1997 年开始开发旅游，2003 年被列入中国首批历史文化名镇，2011 年获世界遗产保护杰出成就奖。西塘古镇采取的是由地方政府主导开发的开放式社区旅游模式，其自发生长的业态布局具有一定的借鉴意义。另外，古北水镇亦是陈 XH 在北方地区打造的主力古镇产品之一，但其仍在招商过程中，业态尚未成熟，在本章节中仅作为对标参考。

4.3.2 古镇景区内商业业态总量比较分析

笔者与团队于 2018 年至 2019 年实地调研四大古镇商业点

数量，并用街道长度与商业点数量的商值来计算商业点密集度，用于比较古镇的商业化程度。经统计发现，从主街道和商业点规模来看，乌镇有 7 条主街道，西塘有 10 条主街道，周庄有 9 条主街道，三大古镇主街道数量比较相近，商业点规模相近，适合进行比较分析（见表 4-4）。从商业点密集度来看，乌镇主要街道的商业点密集度为 12.9（加上民宿餐饮后为 8.4），表示乌镇景区内平均每 12.9 米分布 1 个商业点。周庄主要街道的商业点密集度为 6.5，西塘主要街道的商业点密集度为 3.8，古北水镇主要街道的商业点密集度为 27.5。可以看出，西塘街道的商业点密集度最大，商业点数量最多；古北水镇主要街道商业点密集度最低，商业点数量最少。

表 4-4　古镇景区内主要商业街的商业业态总量统计

古镇	商业点数量（间）	街道长度（米）	商业点密集度（米/间）	商业点密集度
乌镇（不含临街民宿餐饮）	148	1906	12.9	低
乌镇（含临街民宿餐饮）	227		8.4	
周庄	353	2312	6.5	中
西塘	613	2322	3.8	高
古北（不含住宿餐饮）	106	2914	27.5	很低

注：1. 商业点统计数量不包括住宿、景点及已倒闭商铺；

2. 乌镇临街民宿一般包含餐饮（早餐只提供给住宿客人，对外可提供正餐），共 79 间；

3. 古北仍在招商过程中，业态尚未成熟。

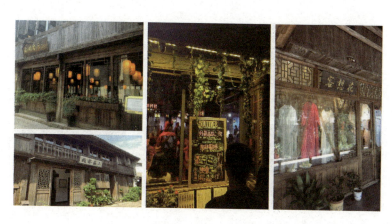

图 4-1　乌镇的业态现状图

图片来源：作者拍摄

图 4-2　周庄的业态现状图

图片来源：作者拍摄

图 4-3 西塘的业态现状图

图片来源：作者拍摄

4.3.3 古镇景区内商业业态规模比较分析

从商业业态规模来看，古北、乌镇、周庄、西塘的业态规模比例约为 1:2:4:7（见表4-5、图4-4）。乌镇的商业业态规模远低于相邻的江南古镇。古北水镇虽然是新建景区，且景区规模不亚于乌镇，但商业业态规模目前仅是乌镇的一半。可见，陈XH团队对景区的商业业态的布局相当克制，尽可能规避国内众多已开发的古城镇所普遍存在的过度商业化弊病，有利于营造休闲度假氛围。

表 4-5 四个古镇的商业业态规模统计

古镇	餐饮	住宿	购物	娱乐	景点	总计
乌镇	62	91	78	14	32	277
周庄	116	134	272	5	13	540
西塘	254	367	316	106	11	1054
古北	56	34	33	20	10	153

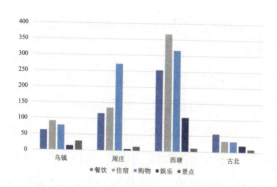

图4-4 四个古镇的商业业态规模比较

4.3.4 古镇景区内商业业态比例比较分析

从商业业态布局比例来看，住宿、购物和餐饮构成了古镇景区内的主要业态，其中，乌镇和西塘的商业业态比例大致相似。平均来看，住宿、购物、餐饮、景点/娱乐四类要素之间的业态比例大致为6:6:5:3，即30%:30%:25%:15%（见图4-5）。

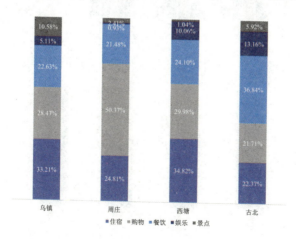

图4-5 四个古镇的商业业态比例结构比较

4.3.5 古镇景区内商业业态结构比较分析

4.3.5.1 餐饮类

从餐饮细分业态来看，乌镇和周庄的餐饮业态比例大致相似，小吃类、休闲餐饮、餐厅餐馆的布局比例约为3:3:4（见图4-6）。西塘餐饮以各类小吃为主要业态，占比超过50%；古北水镇以各类餐厅餐馆居多，占比达50%。其中，乌镇和古北水镇小吃类业态以当地地方特色小吃为主，占比约90%；周庄的地方特色小吃与普通小吃比例相当，地方特色小吃占比约40%（见图4-7）。

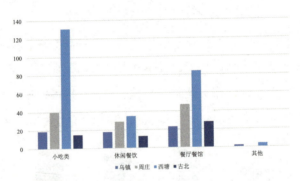

图 4-6　四个古镇的餐饮业态细类及规模比较

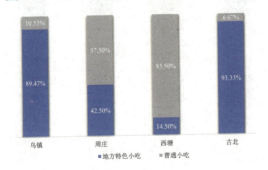

图 4-7　四个古镇的小吃业态细类及比例比较

4.3.5.2 购物类

从购物细分业态来看，乌镇、周庄和西塘的业态比例大致相近，地方特产、服饰服装/主题精品、书画纸扇/工艺品/纪念品、便利店/超市/其他的业态布局比例为 3∶10∶3∶1（见图4-8）。在服饰服装/主题精品类业态上，乌镇、古北和西塘、周庄的业态布局有较大的差异，具有特色的主题精品店是乌镇和古北的主体购物业态，而西塘和周庄均以服饰服装店为主体业态。

从商品同质化角度分析，三个古镇的主要商业街长度相近（乌镇1906米，周庄2312米，西塘2322米），在相似规模的空间范围内，存在同类、相近甚至相同的商品越多，古镇的商品同质化程度越高。经统计比较发现，乌镇景区的商品同质化程度最低，西塘的商品同质化程度最高。其中，服装服饰类业态的同质化现象最严重，以汉服、民国服装类为主（见图4-9）。

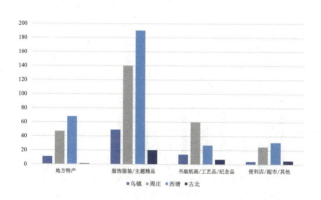

图 4-8　四个古镇的购物业态细类及规模比较

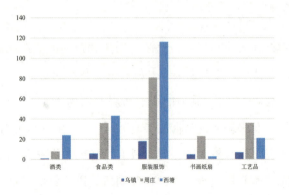

图 4-9　三个古镇的部分购物类业态比较

4.3.5.3 娱乐业态

从比例上看，乌镇和古北的娱乐业态分布相对均匀，并适当布局了一定比例的酒吧，以及能体现地方特色的剧院（如评书）。周庄和西塘的娱乐业态布局更偏向大众化，表现在古装拍摄和素描占了一定比例。西塘的娱乐业态比较丰富与突出，尤其以各类酒吧和迪厅为娱乐特色，且占据很高比例（见图 4-10）。

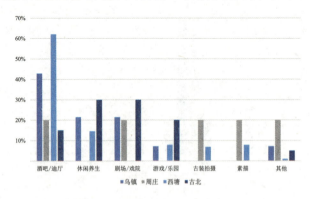

图 4-10　四个古镇的娱乐业态细类与比例比较

4.3.6 小结

（1）古镇内商业业态结构基本遵循 6：6：5：3 比例

在调查案例中，从业态规模上看，虽然四个古镇的总量成倍数级差异，但其业态结构大致遵循一定的比例，住宿、购物、餐饮、景点＋娱乐的相对比例为 6：6：5：3，分别占总体的 30%、30%、25% 和 15%。

（2）古镇内以"吃""购""住"功能为主，以"游""娱"功能为辅

在调查案例中，"吃"＋"购"的业态总占比均超过 50%，"住"的业态占比均超过 20%，"游"＋"娱"总占比均低于 20%。可见，"吃""购""住"是古镇业态布局主体，如何进行异质化与特色化布局，是古镇内业态布局考虑的重点。

（3）"吃""购""住"类业态均可遵循一定的比例进行布局

在调查案例中，"吃"与"购"的细分业态布局大致遵循以下比例：在"吃"要素中，小吃类、休闲餐饮、餐厅餐馆比例为 3：3：4；在"购"要素中，地方特产、服饰服装／主题精品、书画纸扇／工艺品／纪念品、便利店／超市／其他购物之间的相对比例为 3：10：3：1。

（4）商业密集度、商品同质化程度与商品档次呈反向相关关系

商业密集度从小到大依次排列为古北、乌镇、周庄、西塘。乌镇、周庄和西塘均有两条主街道。一般而言，主街道以餐饮和购物业态为主，民宿主要布局在主街道的巷弄中，不占据商铺铺位。然乌镇反其道而行之，其主街道"西栅大街"以民宿业态为主体，每栋民宿的二楼为住宿，一楼为临街餐饮，且餐饮以服务住客为主要目的，其余各类餐饮和购物业态穿插布点其中，从而极大地降低了商业点的密集度。

商品同质化程度从低到高依次排列为古北、乌镇、周庄、西塘。在乌镇，由于民宿占据主街道的主体（每栋民宿约占3个铺位），极大减少了需要布局的其他业态的数量，可以更好地对景区内的商铺进行异质化与特色化布局。

商品档次从高到低依次排列为乌镇、古北、周庄、西塘。从卫生、价格、商品内容与陈设方式上看，乌镇的商品档次最高，"住""购"的业态档次最为凸显，"吃"的业态价格比较平民化，同时卫生与质量方面远高于其他古镇。

4.4 古镇景区内的商业与文化价值规律发现

4.4.1 古镇景区内文化价值规律发现

古镇景区应注重从地方名人文化、地方民俗文化、普世艺术文化等方面进行氛围营造、业态设计与节事组织，逐步构建古镇的文化IP。构建文化IP具有三个层次，第一层次通过整体氛围营造文化IP，例如从古建筑形态上、从标识标牌与配套设施的设计上营造整体古镇氛围；第二层次通过业态设计强化文化IP，包括地方特色小吃、工艺品、特产等业态的设计与布局，也可引入"本地人"构建"真实体验"的服务体系；第三层次通过节事组织凸显文化IP，例如举办地方特色民俗文化活动以及具有普世艺术文化价值的文化活动。一般而言，第一和第二层次的文化IP塑造容易被复制和模仿，且乌镇在早期也在不断被复制和模仿，而第三层次是相对难以复制和模仿的，可以形成具核心竞争力的文化IP，如"乌镇戏剧节"和"世界互联网大会"使乌镇形成了独特且难以复制与逾越的文化IP优势。

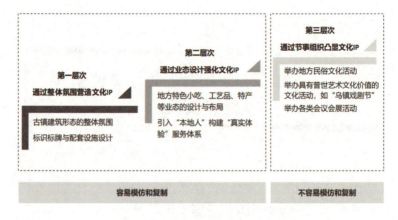

图4-11　乌镇景区文化IP构建

4.4.2　古镇景区内商业与文化关系处理

古镇景区应巧妙地处理"现代生活需求"与"文化原真性"的平衡关系，既满足游客的"现代性"需求，又满足游客的"去现代性"要求，即追求地方文化原真性的要求。

表4-6　乌镇对游客二元需求的处理方式

游客的"现代性"生活需求	游客的"去现代性"精神要求
搭建无线网络	以旧修旧，整体修缮，构建游客想象中的"真实"的古镇景观
建立游客中心和大型停车场	恢复传统产业或文化活动
建设舒适的酒店客房	提供人性化的细致服务
酒店内提供高质量的一次性用品	邀请乌镇当地人来经营民宿和商铺
举办具有现代气息的文化活动和会展活动	控制商铺数量、商品内容与商品质量，降低商业化气息
……	……

通过与西塘、周庄等古镇的业态特征进行比较发现，乌镇和古北景区以营造度假氛围为主要目标，其内部的硬性商业业态布局比较"克制"，为遵循好的度假产品的原则，严格控制商铺数量、商品内容与商品质量，降低商业化气息。同时，景区以会议会展、文化事件（戏剧节、童玩节、香市等）等周期性高质量活动（软性业态）为主要吸引物，以软性业态来提升品牌知名度和客流。

观光门票收入和客房收入是乌镇景区的主要收入来源，两项收入占比达60%，但其业态比例占比仅为40%（见表4-7）。主街道的商铺类业态规模占比达60%，但收入占比（加上车船费）仅为40%。可以推测，乌镇主街道的商业业态布局以吸引和服务观光游客和住宿客人需求为主要功能，并非以追求该区域利润最大化为主要目标。在乌镇的商业业态布局与经营方面，除了住宿业态以外，其他配套商业业态的经营宗旨为"将最大的善意释放给游客"，即"让利于民"。其中，"民"包括两个层次：一是通过平价商品让利于游客；二是通过不收或少收租金或根据经营情况返利的方式让利于经营户。因此，对于占比达60%的配套商业业态（不包含住宿），很难评价某一类细分业态的经济效率，有的细分业态属于亏损补贴类型（如小吃、地方特色手工艺展示等），但却是吸引游客的重要拉力因素。因此，业态占比与业态收入不是严格正相关关系；最优的业态组合不全取决于单个业态的盈利能力。经过近20年的市场摸索，乌镇形成了一个结构相对合理的业态布局比例，可供C古镇的业态布局所参考。

表4-7　乌镇景区产品收益结构

类目	观光体验类产品	住宿体验类产品	其他类产品
产品内容	街区整体风貌、美术馆、其他展馆	民宿（客房占比40%）、酒店客栈（客房占比60%）	主街商铺业态填充（含文化体验项目）、车船
收益形式	门票，约占比30%	房费，约占比30%	租金、零售、车船费等，约占比40%
收入比例	30%	30%	40%
业态比例	10%	30%	60%

4.5 C古镇项目的应用启示

4.5.1 业态产品规划

社会学家王宁先生认为，旅游者对现代性和旅游呈现出爱恨交织的特征，旅游是现代性的产物，人们寻求真实体验与旅游商品化所造成的旅游产品同质化、标准化和虚假化的矛盾，使得游客对待旅游可能呈现出爱恨纠缠 [①] 的特征。古镇的业态规划应精准地抓住旅游者这一矛盾的心理特征，并通过平衡遗产保护、现代性构建与旅游商业化之间的关系，来满足各方需求，实现商业成功。因此，可通过构建吃、住、行、游、购、娱旅游六要素与遗产保护、现代性构建、旅游商业化之间的业态矩阵，以期为古镇业态产品规划提供参考。

---

① 王宁. 旅游、现代性与"好恶交织"——旅游社会学的理论探索 [J]. 社会学研究, 1999(6): 93-102.

表4-8 古镇业态产品规划原则建议

类别	遗产保护	现代性构建	商业化控制
吃	（1）导入与地方特色与文化相符的美食 （2）返聘地方美食烹饪和传承人 （3）保留和展示美食制作技艺	（1）健康、绿色的原材料与烹饪方式 （2）干净、卫生、舒适的消费场景 （3）星级评价（如米其林）、品牌评定	（1）同类食品、餐饮的数量控制，创造每一类别的独特性 （2）定价友好，标准管理
住	（1）外观设计与当地文脉语境相契合，保留与恢复当地建筑历史形态与特征 （2）内部家具与饰品融入地方非遗艺术与习惯，体现乡土气息和家的温情	（1）内部装饰与硬件设施的安全与时尚性 （2）舒适的房间、高品质的一次性用具 （3）现代服务标准	（1）强调主题与内部装饰设计的独特性，去宾馆化、规避低端审美、去城市化 （2）提供人性化的服务体验
行	（1）延续历史城镇肌理和村落格局，保留和恢复老街小巷，打造慢步行系统 （2）慢步行系统的传统铺装 （3）传统交通工具（怀旧主义形式）	（1）一站式游客服务中心 （2）方便、安全管理的停车场 （3）宽敞舒适的接驳车与顺畅的交通接驳 （4）清晰的标识指引系统	（1）人性化管理与服务 （2）规避拉客和倒买倒卖现象
游	（1）外立面整体历史风貌的保护与恢复 （2）文物建筑的展示与展览 （3）非遗文化活动展示展演	（1）方便、舒适的游览路线和休憩设施，沿途适合拍摄的景观小品 （2）星级厕所、直饮水、Wi-Fi网络、标识系统、卫生医疗点、咨询点等现代服务	（1）及时的垃圾与污水管理，保持景区的干净整洁 （2）适当的噪声管理 （3）提供人性的咨询服务与休憩服务

类别	遗产保护	现代性构建	商业化控制
购	（1）地方特产与工艺品 （2）与当地文脉相符的文创品	（1）精致的/具有符号意义的包装方式 （2）精致的/具有符号意义的购物场景营造 （3）现代化的支付方式	（1）同类商品的数量控制，创造独特性 （2）合理定价，标准管理，高性价比
娱	（1）非遗民俗活动体验 （2）非遗民俗活动展演	（1）现代休闲娱乐活动（室内如洗浴、酒吧、温泉疗养、美容等；室外如采摘等） （2）符合现代审美和潮流的事件活动及场馆（如现代艺术展演等）	（1）同类休闲娱乐活动的数量控制，创造独特体验 （2）合理定价，标准管理，高性价比

4.5.2　业态产品布局

根据古镇景区内的商业与文化价值规律，可构建古镇硬性业态组合模型，如下：

$S_总 = $ 主要商街长度/商业点密集度

$$S_总 = \sum L_住 + \sum B_购 + \sum D_吃 + \sum A_景 + \sum E_娱$$

$$= S_总 \times 30\% \times k_1 + S_总 \times 30\% \times k_2 + S_总 \times 25\% \times k_3 + S_总 \times 10\% \times k_4 + S_总 \times 5\% \times k_5$$

$$SL_住 = \sum L_住 = S_总 \times 30\% \times k_1 = \sum l_民宿 + \sum l_酒店$$

$$SB_购 = \sum B_购 = S_总 \times 30\% \times k_2 = \sum b_地方特产 + \sum b_服饰精品 + \sum b_工艺 + \sum b_其他$$

$$= SB_购 \times 18\% \times j_1 + SB_购 \times 58\% \times j_2 + SB_购 \times 18\% \times j_3 + SB_购 \times 6\% \times j_4$$

$$SD_吃 = \sum D_吃 = S_总 \times 25\% \times k_3 = \sum d_小吃 + \sum d_休闲餐饮 + \sum d_餐厅餐馆$$

$$= SD_吃 \times 30\% \times j_5 + SD_吃 \times 30\% \times j_6 + SD_吃 \times 40\% \times j_7$$

突出地方特色传统美食　　返聘地方传承人　　干净舒适的用餐环境

外观设计符合当地文脉　　整洁舒适的房间　　贴心、人性化服务

传统交通工具　　顺畅的交通接驳　　景区服务有序

非遗民俗活动体验　　现代艺术展览馆　　特色节日活动

文物建筑展示　　现代化咨询点　　环卫人员保持卫生

精致的包装　　二维码支付方式　　合理定价

图 4-12　古镇业态示意图

其中，

（1）$S_总$是古镇景区内各类业态的总量，比如一栋民宿计算为1，一间商铺计算为1，一个酒店计算为1；

（2）$SL_住$是古镇内的住宿业态总量（非床位数）；

（3）$SB_购$是古镇内的购物业态总量；

（4）$SD_吃$是古镇内的餐饮业态总量，不含民宿和酒店内的餐饮；

（5）kn、jn为调节系数，且：

$$30\% \times k_1 + 30\% \times k_2 + 25\% \times k_3 + 10\% \times k_4 + 5\% \times k_5 = 1$$
$$18\% \times j_1 + 58\% \times j_2 + 18\% \times j_3 + 6\% \times j_4 = 1$$
$$30\% \times j_5 + 30\% \times j_6 + 40\% \times j_7 = 1$$

根据古镇硬性业态组合模型，可估算出 C 古镇各类细分业态的布局规模，进而可反推业态产品的数量。乌镇含住宿餐饮的商业密集度约为 8 米 / 个，不含住宿餐饮的商业密集度约为 13 米 / 个，参考乌镇的经验，C 古镇的商业密集度可取 [8，13]。假设 C 古镇主要商街长度为 3000 米，商业业态规模 = 主要商街长度 / 商业密集度，则 C 古镇的商业业态规模范围为 [230，375]，对标乌镇的商业业态规模为 274，则对 C 古镇的商业业态规模可取中上值为 350。

以餐饮业态为例，餐饮业态占总商业业态的比例为 25%，可以预估未来 C 古镇的餐饮业态规模为 88 个商业点。在餐饮业态的细分业态中，小吃类业态占总餐饮业态的比例为 30%，可以预估小吃类业态规模为 27 个商业点。因此，可从华侨文化、岭南文化、广府文化和江门地方文化中挖掘二三十类特色小吃来设计小吃类业态，同理可推广至休闲餐饮业态、餐厅餐馆业态等，布局设计比例及数量详见表4-9。

表4-9　C古镇业态布局设计

一级分类	商业点数量（个）	二级分类	业态比例（主要参考乌镇）	商业点数量（个）
住（30%）	105	民宿	90%	95
		酒店/客栈	10%	10
购（30%）	105	地方特产	14%	15
		服饰服装店	20%	21
		主题精品店	32%	34
		混合精品店	8%	8
		工艺品店	9%	9
		书画纸扇店	6%	6
		纪念品店	5%	5
		便利店/超市	4%	4
		其他	2%	2
吃（25%）	88	地方特色小吃	27%	24
		普通小吃	3%	3
		休闲餐饮	30%	26
		餐厅餐馆	40%	35

一级分类	商业点数量（个）	二级分类	业态比例（主要参考乌镇）	商业点数量（个）
娱（5%）	18	酒吧	43%	8
		休闲养生	21%	4
		剧场／戏院	21%	4
		游戏体验／乐园	7%	1
		其他	8%	1

注：住的业态统计方式为统计民宿、客栈和酒店的个数，而非房间数或床位数。

第五章

一个职业经理人
视角下的凤凰
"门票门"事件

5.1 前言

（1）在中国，重要的经济文化事件基本由政府来主导。

（2）企业主除了要有"大破坏"，还得有"大创造"，否则"创造性破坏"是不成立的。

（3）地方政府运行的普遍逻辑是，如果获取增量的成本（包括投入和应对舆情）大于增量本身，政府将审慎决策，小心实施。

（4）完成一件利益调整的事项需要做扎实的前期工作，包括统一思想。这需要大量的人才准备和一把手的策略统筹。

（5）"门票门"不是一个事件而是一个项目，从舆情应对、操作程序和各种办法的角度来看，都应该纳入项目管理而非事件管理。

（6）对于企业而言，门票改革需要上升到"二次创业"或

"战略转型"的高度，而不是轻易地、简单地收取门票，增加主营业务收入。

（7）"统一战线"这个法宝无论何时都不过时。

2009年，笔者出任凤凰古城总经理，开始梳理凤凰古城的发展过程，研究凤凰古城的未来出路。

5.2 凤凰旅游发展溯源

5.2.1 凤凰旅游龙头地位树立

凤凰古城位于湖南省湘西土家族苗族自治州所辖的凤凰县，是沈从文笔下的一个边寨小城。凤凰县全县总面积 1759 平方千米，距湘西州府吉首 52 公里，距湖南怀化 93 公里，距贵州铜仁 63 公里，史称"东控辰沅，南扼桂边，西托云贵，北制川鄂"。全县由苗、汉、土家族等 28 个民族组成，其中苗族人口占总人口的 59.13%，是典型的少数民族聚居县和传统的山区农业县①。凤凰古城方圆 1.8 公里，沱江穿城而过，南华山依城而立，有 1000 余年的建城历史，有县级以上文物保护单位 85 处，其中国家级 2 处、省级 8 处，古遗址 116 处，明

① 凤凰概况 . 凤凰县政府门户网站 [EB/OL]. (2021-03-29). http://www.fhzf.gov.cn/jrfh/fhgl/gkjs/201910/t20191017_1250584.html.

清特色民居 120 余栋，石板古街道 20 余条，历史悠久，文化底蕴丰厚。

20 世纪 90 年代，凤凰县因雪茄烟厂的政策性关停致工业经济停滞，县财政收入由 1997 年的 7453 万元锐减至 1999 年的 2171 万元[①]，昔日的亿元富裕县沦为国家重点扶贫县，经历了很长一段时间的阵痛。全县在追求产业转型的过程中，一直找不到合适的方向，一些开明人士和有识之士提出开发旅游业带动经济发展。90 年代末，凤凰县政府成立了专门管理机构"旅游产业开发办公室"，负责申请各类资金保护古城：把古城内"蜘蛛网"一样乱牵的各类管线埋地，发动群众敲掉核心保护区内房屋立面的现代瓷砖，鼓励百姓开办民宿、客栈接待游客，修复沈从文故居、熊希龄故居、南方长城、奇梁洞等景点并申报"国家历史文化名城"（于 2001 年获国务院批复）。当时，政府采取了极其常规的手段和做法来主导旅游业的发展，各个景点由不同主体分散经营：黄丝桥古城、沈从文故居、杨家祠堂等景点由文物局管理，南方长城、奇梁洞由乡政府委托给个人承包，沱江漂流由本地私人船队经营管理。由于受到资金缺口和管理瓶颈等因素的制约，许多优质的旅游资源处于闲置浪费或低水平开发状态，市场反响也颇为一般。据凤凰县政府统计，凤凰旅游发展初期财政共投入资金 15.51 亿元，而财政仅仅回收 0.4 亿元，成为湘西自治州人民政府的"接待性旅游"，

---

① 人民网.凤凰收费的护身符：国家级贫困县 保护资金缺乏 [EB/OL]. (2013-05-07). http://yuqing.people.cn/n/2013/0507/c210129-21390973.html.

呈现入不敷出的局面。2000 年和 2001 年，凤凰县全县接待游客量只有 28 万人次和 57.6 万人次。

鉴于官办旅游经营不善，2001 年前后，县政府决心引入民间资本和公司化经营来发展旅游。经过 5 个月的谈判和协商，政府与当时具有一定市场营销和品牌推介能力的"黄龙洞投资股份有限公司"（以下简称"黄龙洞公司"）达成合作，并于 2001 年 12 月签订了《湖南省凤凰县八个旅游景区（点）经营权转让合同》，将其辖域内的凤凰古城（北门至东门的城墙、城楼）、黄丝桥古城（城墙、城楼及停车坪）、沈从文故居、熊希龄故居、奇梁洞、南方长城（永兴坪段及停车坪）、沱江游览河段（沱江河北门跳岩至沈从文墓地河段的水上游线）、杨家祠堂等八大景区（点）的 50 年经营权转让给黄龙洞公司。自 2002 年 1 月 1 日起，黄龙洞公司享有上述景区（点）的经营权和收益权，凤凰县人民政府依旧享有上述景区（点）的所有权。

按照委托经营转让合同规定，受让方黄龙洞公司须在经营期内向凤凰县人民政府支付转让费 8.33 亿元人民币。在交接日当日，一次性交纳经营权转让费 2800 万元。与此同时，黄龙洞公司在前两年须投入 8500 万元人民币用于凤凰古城部分城楼、南方长城的修复及其他主要景点保护设施和游览设施的修建和改造，且前两年须同时投入 1800 万元用于旅游宣传营销。

2002 年 1 月，黄龙洞公司总经理叶 WZ 成立了"凤凰古城文化旅游投资股份有限公司"（以下简称"凤凰古城公司"）

作为经营主体，确定了"政府主导、市场运作、公司经营、群众参与"的旅游开发模式。自此，在"资源—市场—文化"的三元理念指导下，凤凰古城公司充分发挥其品牌塑造能力和市场推介能力，与政府、媒体通力合作，围绕"梦回故里·凤凰古城"主题，持续策划大型文化事件进行市场推广和品牌建设，如世界围棋巅峰对决（自 2003 年起，每两年举办一届）、谭盾音乐会（2003 年）、天下凤凰聚凤凰（2006 年）、黄永玉画展等，成功打造了凤凰古城的文化品牌，使这个名不见经传的边陲之地沱江镇逐渐成为旅游界的"天下凤凰"。2002 年，凤凰古城被评为年度"中国旅游知名品牌"。与此同时，凤凰古城公司主动与湖南省内旅行社对接，成功嫁接了张家界的游客溢出效应，借张家界旅游目的地发展的同时带动了凤凰古城旅游业的发展。2008 年 12 月，湘西第一条高速公路——常吉高速公路建成开通，外围交通条件的改善也刺激了新一轮的旅游发展。2012 年，凤凰古城游客量达到 690.49 万人次，旅游经济总量 53.01 亿元，旅游经济占整个县城 GDP 的 67.5%[①]，旅游业成为凤凰县的支柱产业，凤凰古城公司成为县里的产业龙头公司。

5.2.2　凤凰旅游的矛盾爆发

品牌推广的成功，加上交通条件的改善和张家界渠道的引流，凤凰旅游快速发展，但与之伴随的，是一系列深层次矛盾

---

① 谭华云."门票新政"下凤凰古城利益格局及治理路径 [J]. 云南地理环境研究, 2014, 26(5): 10-14+29.

的逐渐爆发。

　　游客大量拥入，而基础设施和配套设施建设不足，在市场力量的作用下，市场上迅速涌现出众多独立的经营主体，同时衍生了摊贩占道经营、商家价格普遍偏高、假冒伪劣产品屡禁不止、黑导黑社黑车黑店、抢客欺客等市场乱象。特别是部分私人老板开发的新的古城景区景点品质良莠不齐，为争夺客源采取低价竞争，旅游中介及渠道为追求短期利益往往以次充好，诱导游客进入低质量景点以获取高额回扣。尽管凤凰旅游进入快速发展阶段，因来凤凰的游客被层层拦截，凤凰古城公司的八大景点购票人次增长却十分缓慢。无序的市场竞争，使凤凰旅游市场出现"劣币驱逐良币"的现象，公司巨额营销投入所产生的市场增量被旅游中介及其他的主体瓜分蚕食，形成了"一人挑水大家抢"的局面。与此同时，随着游客量的逐渐增长，古城交通拥挤不堪，生态环境越发恶化，企业和政府面临的古城维护压力越来越重，企业利润空间越来越窄，市场口碑越来越差，凤凰古城公司的投入与产出逐渐失衡。

　　实际上，自黄龙洞公司与凤凰县人民政府签订《湖南省凤凰县八个旅游景区（点）经营权转让合同》起，就埋下了日后发展的隐患。第一个隐患是"景区（点）"。旅游产业发展是一项复杂的系统工程。日后的事实证明，凤凰古城公司推广宣传的是旅游目的地，而旅游目的地感知是一个系统感知的过程。但合同规定的经营范围是八大景区（点），凤凰古城的组织管理作为一个空间整体从一开始就被割裂了，因此产生权责不对等的问题。第二个隐患是"经营权"。景点所有权和经营权分离。有恒产者有恒心，在产权不属于企业的情况下，所有关于未来收益的投入都将不可持续，并会引发争议。也就是说，凤凰古城公司是在不为自己所有的东西上，宣传了整个城市的品牌，获得的仅仅是几个景点的门票收入。探究这一"亏本买卖"得以做成的原因，客观方面主要在于旅游作为新兴产业和新兴事物，当时并没有可供借鉴参考的成熟经验；主观方面主要在于整个企业班子对于人才、知识、科学的不重视，在过往成功经验观念的指挥下，没有因地制宜，灵活变通。

综观凤凰古城公司的运行轨迹，公司经营的主要策略有两条——一条是营销线，一条是运营线，两条线的关系有点像光的波粒二象性。在营销方面，凤凰古城公司先后用常规的推广方式，如投放平面广告、电视广告，门票优惠活动推广，但这些推广通常表现为不规律的和无预算的，一般由最高决策者每年度随机决定。除此之外，也有一些非常规的、有一定规律可循的活动策划方式，如举办棋——"棋行大地，天下凤凰"为主题的世界围棋巅峰对决、书——"山水灵魂"为主题的纪念沈从文诞辰百年的征文大赛、歌——宋祖英 MTV 拍摄、乐——谭盾音乐会《地图》和《水乐》、画——黄永玉画展等各类主题营销活动，以及其他综合类文艺演出或晚会，如"天下凤凰聚凤凰"文化活动、"天下凤凰美"文艺晚会、"水墨凤凰"双城展、台海交流音乐会、苗族银饰节等。活动组织方式多种多样，有些是独家举办，有些是联合举办，有些是赞助举办。营销线上推广的效果无法进行量化评估，也无法用科学原理指导其发生机制和运行规律，因此无法直接评估其效用，但得到的共识是"天下凤凰"的品牌已在市场上初步形成。在运营方面，企业将重点放在组织框架建立和人才队伍培训上。凤凰古城公司成立伊始就构建了比较完备的现代企业组织框架，特别是投入了大量资金用于信息中心建设，所以系统在此后十年没有升级改造的情况下都没有崩溃。人才队伍培训主要集中在服务意识、服务规程的提升等方面。一般而言，将品牌效益转化为经济效益，在消费领域有成熟的经验和范式，有完整的具体做法，有系统的研究和较多的参考案例。然而，旅游消费具有在地化的特殊性，旅游企业发展也处于初级阶段，缺乏成熟的理论作为指导和参考。营销线宣传带出的品牌效益没能很好地通过运营线进行消化或承接，并将其转化为经济效益。营销线与运营线的交集主要在旅行社（特别是地接社）的票务政策上，营销线的推广宣传集聚品牌人气，运营线的票务政策承接和转换品牌人气，但现实中前者的集聚速率远远高于后者的转换能力。当差距不断拉大时，最高决策者会质疑运营的转换能力有问题，责令其追赶前者，呈现一种胶着的状态。

5.2.3 "失败"的尝试

对于合同模式中不对等的缺陷，叶 WZ 先生一开始应该有所意识，在进入凤凰旅游市场之初，即实行"城内城外八景联票"，进行捆绑销售。但因当时城内外交通十分不便，游客购票后都找不到景点，因投诉太多而被迫中断，改为单点售票。2005年，为改变古城旅游人次增长而公司收入不增长的局面，凤凰古城公司第二任总经理周JL提出再次将古城内五个景点（凤凰古城、沈从文故居、熊希龄故居、沱江游览河段、杨家祠堂）整合，并增加了"夜游沱江"的项目，推出凤凰古城精品游线。新的产品虽然也受到一些特定旅行社的抵制，但还没有引起媒体关注。新游线产品因游客体验良好迅速被市场接受，公司在没有增加新的投入的情况下，连续几年实现了公司收入和利润的高增长。

正当公司的发展进入相对平稳期时，在如何优化原合同条款、谋求公司长远发展的思路上，决策者与执行者产生了较大的分歧。执行者的想法是：（1）公司要不断提升城内精品游线的体验感、增强产品自身的竞争力；（2）依托州、县政府的行政资源，构建城外的游客服务管理体系、对客流形成有效的引导与规范，通过掌控渠道的主导权来确保公司景点的流量。但最高决策者的想法是把古城内其他主体经营的景点通过租赁方式全部收归凤凰古城公司管理，并纳入古城精品游线之中整体销售，甚至将古城内政府管理的环卫人员一同收编，由凤凰古城公司负责古城的环卫工作，以此强化凤凰古城公司在凤凰古城的地位。因在思路上不一致，第二任总经理于2006年从公司离职。

后来，凤凰古城公司租赁了古城内的部分景点，包括万寿宫、虹桥艺术楼、崇德堂、古城博物馆，并纳入原产品游线，原先的"凤凰六景"（沈从文故居、熊希龄故居、杨家祠堂、沱江游览河段、凤凰古城＋夜游沱江）由此变为了现在的"凤凰九景"（沈从文故居、熊希龄故居、杨家祠堂、古城博物馆、崇德堂、东门城楼、虹桥艺术楼、万寿宫、沱江游船）。但公司以后几年经营的实践证明：盲目租赁竞争对手的景点，增强了古城游线产品的同质化，大大降低了原精品游线的游客体验，引起市场反感。与此同时，更是反向刺激潜在投资者新建景点，竞争对手不减反增，竞争形势更趋复杂。除凤凰古城经营管理的景区（点）以外，凤凰县城及周边景区的景点遍地开花。仅乡村旅游项目，前后投资开发的就有 18 家。为了生存，乡村游开发商大打价格战，纷纷打出"逛古城，去苗寨""远眺南方长城，漫步沱江河"的旗号抢夺游客，市场上逐渐形成了多数散客包括旅游团队来凤凰古城不看景点不买门票的局面，凤凰古城景区（点）的购票率逐年下降，门票收入流失严重。凤凰古城，这个用各方心血和各种资金打造出来的旅游品牌，最终成为周边无名景点的赠品。我们不可否认决策者的勤奋和机敏，但战术上的勤奋是无法替代战略上的懒惰的。

面对市场乱象，公司成立门票稽查队伍，政府组织综合执法局，专门打击零团费、低价团、倾销团等。但这也只是头痛医头、脚痛医脚，未能形成一个根本性的解决方案。凤凰旅游市场调控体系、管理体制、经营秩序等深层次问题逐步暴露，旅游业发展中的种种乱象已经到了危及整个产业生命力的地步。从 2006 年凤凰古城游客人次 350 万，公司门票收入 5067

万元，账面利润有 1940 万元，到 2012 年游客人次达 690 万，接近翻了一番，公司门票收入 9700 万元，而账面利润反而缩减至 1700 万元。2010 年，湖南省旅游局在省委领导批示的《内参》调查报告中指出，凤凰古城景区管理中存在八大问题，即"认识不高，规划不全，保护不力，体制不顺，设施不足，环境不佳，监管不力，容量不够"。到 2011 年，凤凰古城一弹丸之地的旅游投诉量已经占到全省旅游投诉总量的 50% 以上。现在看来，这八大问题可能是对旅游目的地特定发展阶段的总结，大多数旅游目的地在其发展过程中或多或少都会面临类似的问题。

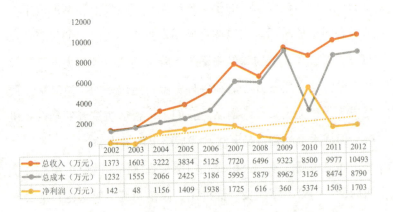

	2002	2003	2004	2005	2006	2007	2008	2009	2010	2011	2012
总收入（万元）	1373	1603	3222	3834	5125	7720	6496	9323	8500	9977	10493
总成本（万元）	1232	1555	2066	2425	3186	5995	5879	8962	3126	8474	8790
净利润（万元）	142	48	1156	1409	1938	1725	616	360	5374	1503	1703

图 5-1　实施门票新政前凤凰古城的经营效益

数据来源：凤凰古城公司内部资料

5.3 "门票门"事件的诞生

2009 年，笔者接任凤凰古城公司第五任总经理，通过一段时间的运营管理实践，已经清晰意识到：依靠票务政策不足以彻底解决景点购票率低的问题，依靠门票稽查这一伴生在凤凰县执法局和路政部门的企业的检查办法也不是长久之计，凤凰旅游必须进行模式和结构调整，才能根治其市场乱象。因此重提 2008 年提出的实行"一票制"方案的方向，并通过不断沟通，基本取得了凤凰县政府领导的认同。政府与公司从各自的角度提出了不同的具体方案，或因国家政策障碍、或因利益分配问题一直未能落地。

2012 年 9 月，凤凰古城公司向市场抛出"烟雨凤凰"项目，计划投资 55 亿元在沱江上游新建一个游客新区，按照凤凰古城的模样打造民族风情和文化旅游小镇，以提升凤凰旅游游客接待量和服务质量。2012年10月，叶WZ先生与凤凰县政府准备联合投资建设"凤凰县游客接待中心"，试图通过交通管控来改变公司目前的经营困境，并再次聘请周JL（任期2003—2005年）作为该项目负责人。周JL认为远水救不了近火，不如先建立管理体系，再完善保障体系，最后建设新区并提出了"以合资建设游客中心项目为契机，与凤凰县政府联合成立凤凰古城景区管理服务公司，由该公司对凤凰县现有的旅游企业实行整合经营，以推行凤凰古城一票制"的思路。该思路当即得到了董事长叶WZ的认同，马上邀请时任湘西州州长叶红专等州领导一行去古北水镇学习考察，并于考察的当天给州长做了专题汇报。叶红专州长于第二天在北京酒店召开州长办公室会议并形成会议纪要，决定由凤凰县政府与凤凰古城公司签订合作协议，成立凤凰古城旅游综合管理服务公司，共同建设以凤凰县游客中心为枢纽的古城旅游交通网络，与此同时对凤凰县内景区（点）及各经营主体进行全面的整合和规范，建立凤凰古城新的旅游综合服务管理体系。

为落实州长办公会议精神，凤凰县委、政府成立了由常务副县长分管副县长及凤凰古城公司高管组成的工作专班，正式启动了凤凰旅游整合经营的工作。经过一段时间的合作谈判，2012年12月，凤凰县政府和凤凰古城公司签订《合作组建凤凰古城旅游管理服务公司的协议》；2013年1月，五方合作主体签订《凤凰县景区整合经营协议》。

5.3.1 顶层设计调整

（1）资源整合

2010 年 4 月 16 日，根据凤凰县人民政府《关于成立县铭城旅游设施维护建设有限责任公司的通知》（凤政函 [2010]29号），凤凰县铭城旅游设施维护建设有限责任公司注册成立（现已更名为"凤凰铭城建设投资有限公司"，以下简称"铭城公司"）；2012 年 3 月 17 日，铭城公司整合城外 18 家乡村旅游项目，成立"凤凰县城乡民族文化旅游发展有限责任公司"（以下简称"城乡旅游公司"）；凤凰古城公司（持股 51%）和铭城公司（持股 49%）合作组建"凤凰古城景区旅游管理服务有限公司"（以下简称"景区管理公司"），于 2013 年 4 月 10 日正式登记成立。

（2）权责明确

成立景区管理公司的目的是对凤凰古城、南华山和乡村旅游三大景区实行整合经营，建设古城交通服务网络和旅游管理服务体系。景区管理公司拥有凤凰县的门票销售权和市场营销权，负责凤凰县旅游的综合服务管理和日常经营管理。城乡旅游公司、凤凰古城公司和南华山公司分别负责乡村旅游项目、凤凰古城旅游景区和南华山景区的游客接待、日常维护管理和产品建设等。

（3）利益分配

利益分配的基本原则是"门票收益归总，保底优先分配，公共费用统一列支，增量按比例划分"。其中，148 元门票中景区管理公司提取 2% 的代理费（2.96 元）作为公司主要收入来源，政府从中收取 33 元"两费一金"，包括资源有偿使用费 15 元、旅游宣传促销费 7 元、价格调节基金 11 元，剩余增量收益按照比例进行划分——凤凰古城文化旅游投资股份有限公司增量分成比例为 65%，启盛（凤凰）旅游有限公司、凤凰县城乡民族文化旅游发展有限责任公司增量分成比例各为 17.5%。

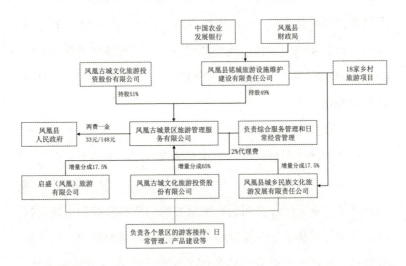

图 5-2　凤凰古城旅游管理公司与各利益相关主体的关系图

表5-1　凤凰古城门票账本

门票收入	成本	分成主体	分成金额
148 元	2% 代理费	景区管理公司	2.96 元
	"两费一金"33 元,含:资源有偿使用费 15 元、旅游宣传促销费 7 元、价格调节基金 11 元	湘西州政府	33 元 × 30%=9.9 元
		凤凰县政府	33 元 × 70%=23.1 元
	营业税、城建税、教育附加税、地方教育附加税	凤凰县政府	4.884 元
	剩余利润(约 70 元)	凤凰古城公司	增量分成 65%
	剩余利润(约 18 元)	南华山公司	增量分成 17.5%
	剩余利润(约 18 元)	城乡旅游公司	增量分成 17.5%

5.3.2 新闻事件溯源

2013 年 3 月 19 日,凤凰县政府在湖南长沙举行"关于凤凰古城景区整合经营规范管理"的新闻发布会,先后发布了《凤凰县旅游景区门票管理办法实施细则》(凤政办发〔2013〕9 号)和《凤凰县旅游景区门票管理办法(试行)》(凤政办发〔2013〕12 号),并宣布于 2013 年 4 月 10 日正式启动凤凰古城景区新的旅游管理服务体系,试运营期为 3 年:(1)畅游"凤凰古城风景名胜区"。将凤凰古城风景名胜区中的古城景区和南华山神凤文化两个景区合并为一个产品,价格 148 元 / 人。(2)打造"凤凰乡村游"精品线路。将县内原有 18 家乡村旅游景点整合,改善景点设施,第一批现行开放"苗寨风情游"和"山水风光游"两条精品旅游线路,每条线路的门票价格由原来的 148 元下调至 100 元。（3）规范旅游景区门票管理。对凤凰古城、南华山、南长城、奇梁洞、乡村游等县内所有景区实行"四统一"的管理服务模式，即"统一游客组织、统一售票管理、统一市场营销、统一售后督导"。

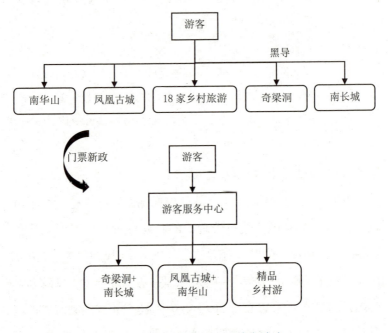

图 5-3　门票新政前后游客流向

　　"门票新政"一出台便遭受了当地的强力抵制和全国的舆论质疑。门票新政使得进入凤凰古城旅游的散客数量锐减，引发当地商户和沱江下游农家船主的不满。门票新政执行第二天，在部分无证导游、拉客人员鼓动下，凤凰古城景区内出现关门歇业、聚集抗议等现象。2013 年 4 月 14 日，"想带女友回家见父母"被拦，检票人员认为"女友不在免票政策之内"，网络流行语"好女不嫁凤凰男，每次上门都要钱"横空出世，凤凰新政实施引发全国亿万网民的一致声讨，一时间，各方质疑铺天盖地席卷而来，凤凰"门票门"成为人人喊打的过街老鼠。据中国舆情网统计，凤凰古城门票事件新闻关注主要集中在 2013 年 4 月 10 日凤凰古城正式对外收取 148 元门票到之后的 1 个月内，高峰时媒体报道达每日 1440 条，微博每日 5508 条[①]。

舆论的导向，给湘西州政府和凤凰县政府领导带来了巨大的压力，也引起上级政府的高度重视。先是湖南省政府组织相关部门领导进行专题讨论，会上两派意见争论激烈。湘西州州长叶红专据理力争，为后来的情况出现转机争取了时间。2013 年 4 月 15 日，政府做出适当调整，公布免票政策：凤凰县邻近的湖南湘西土家族苗族自治州、湖南怀化、贵州铜仁三地居民游览凤凰古城享受免费待遇；4 月 20 日起，全国学生到凤凰古城旅游票价从 80 元降至 20 元。同日，沱江下游农家船代表与县政府和凤凰古城公司签订《合作组建桃花岛农家船公司框架协议》与《合作运营框架协议》，以船入股实现公司化运营。

后来，时任国务院副总理汪洋亲自过问，省、州、县三级领导进京当面汇报，事情才终于有了结果。随后，热炒了两

---

① 李昕，柴琳．中国古城门票的制度经济学分析——从凤凰古城门票事件看中国古城保护制度困局 [J]．现代城市研究，2014(10)：108-114.

个多月的媒体开始降温并转向做正面报道，凤凰县政府发布了《凤凰古城区鼓励和限制经营的项目目录》《凤凰古城维护专项资金管理暂行办法》《凤凰古城涉旅行业转移转型升级暂行规定》等整治规定，凤凰古城举办了边城音乐节、民俗文化盛宴等活动，提高了公众对古城旅游发展的认同度，凤凰古城一票制终于峰回路转并逐渐被市场接受。

5.3.3 各利益主体的反馈

（1）本地居民

凤凰新政执行后给当地居民带来了巨大不便。若要实现免票进城需要满足以下两个条件：其一，凭有效证件或"讲方言"进城。本县居民凭身份证或讲方言，外地在湘西州内工作和常住人员凭借居住证，湘西州及凤凰县邻近县（铜仁市松桃县、怀化市麻阳县）居民凭借身份证，新闻记者凭记者证，持导游证、领队证、旅行社经理资格证人员及县人民政府组织旅游促销活动的演职人员等相关人员凭有效证件。其二，凤凰县居民户籍在外地的直系亲属可免票进城。直系亲属是指配偶、祖父母、外祖父母、本人及配偶的父母、养父母、兄弟姐妹、子女、养子女、孙子女及外孙子女。但是，其直系亲属进门，必须先到本地社区开具关系证明，但事实上周六日经常不上班，使得本地居民怨声载道。凤凰门票新政的出台，一方面需要人们随身携带有效证件作为"通行证"，另一方面限制了当地居民的社交活动，大量本地居民的非直系亲属成员，如同学、朋友、远亲、恋人、老师等无法免票进城。久而久之，本地原住民陆续搬到凤凰古城外，把古城内的房子租给外地人做生意。

本地居民的不满和抱怨是由于信息系统相对于政策出台的滞后性，无法有效甄别游客和非游客，鉴于舆论压力门票执法也没有十分严格，游客也有了逃票钻空子的空间，网上一时间流传了大量"凤凰古城逃票攻略"，大量居民和导游也帮助游客逃票，抵抗旅游公司围城收费。

当时，县政府于2013年4月宣布将于该年10月上线新信息系统，用技术手段实现游客身份的识别和验证，为凤凰县文化旅游发展搭建信息化服务平台。其间，凤凰古城公司先后找到寻神州数码、高德地图等顶级技术服务公司洽谈合作事宜。2013年4月27日，凤凰县旅游局和湖南三英特旅游智能技术有限公司签订《凤凰智慧旅游系统引资建设合作框架协议》。但后来由于种种原因，信息系统建设方案最终未能落地。

（2）消费市场

据古城当地商铺反映，他们是收门票前几天才得知新政消息的。凤凰古城内的客栈/民宿约有1000家，就当时成交量来看，凤凰古城内的客栈/民宿一周内的预订量与3月平均相比，下降了50%，游客流量近来减少了七成，普遍营业额不如去年同期的一半[1]。不断萎缩的客栈入住率让不少商家纷纷采取了新的价格策略，很多客栈/民宿实行节假日不涨价，平日或以

---

[1] 林煌. 从凤凰"门票新政"谈凤凰古城旅游区经营 [J]. 中小企业管理与科技（上旬刊）, 2013(5): 128-129.

40%—50% 的降价空间招徕游客。

　　而从门票收入的构成比例来看，原来 1.78 亿元门票收入中约有 1.06 亿元来自散客，仅有 0.72 亿元来自团队，散客占比高达 60%①。而新政实施后，散客市场迅速萎缩，客源结构出现明显调整，散客购票数量每天只有 200 张，而凤凰一天平均的游客数量达到 6000 人。

图 5-4　门票新政执行前后同期游客量对比（单位：人次）
数据来源：凤凰古城公司内部统计

---

① 　数据来源：凤凰古城公司内部统计。

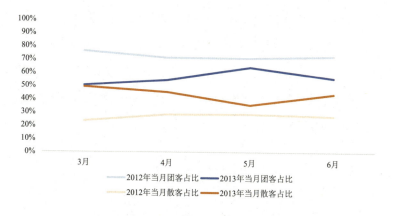

图 5-5　门票新政执行前后同期团散比

数据来源：凤凰古城公司内部统计

5.3.4 "门票门"的实际效益

凤凰古城一票制从 2013 年 4 月开始至 2016 年 4 月解体总共运营了三年时间，在执行期间，凤凰古城旅游经济效益显著。游客量并没有因为一票制而减少，仍处于逐年增长的态势。平台公司收入每年以 60% 的速度增长，至 2015 年年底，年门票收入已达 3.7 亿元。游客因参观景点在凤凰停留的时间延长，旅游市场秩序也有明显好转，2013 年十一黄金周期间游客投诉仅 17 起，创下凤凰旅游兴盛以来历史最低的黄金周投诉率。随着平台公司效益提升，凤凰县政府加大了古城基础配套投入，凤凰古城公司也增加了新的项目投入。2013 年"十一"黄金周，古城景区启动夜游，实现游客有效分流，2014 年推出大型实景表演《边城》，受到观众欢迎。凤凰县政府共计收取"两费一金"1.19 亿元，同时投入了 6.96 亿元用于古城设施建设，实施了古城文物保护、消防整治、风貌民居整治、下水道清淤、粪池改造、星级厕所建设、污水收集管网建设、城区电网改造升级、古城夜景亮化、虹桥加固、"7·15"灾后重建等基础设施维护和建设项目。

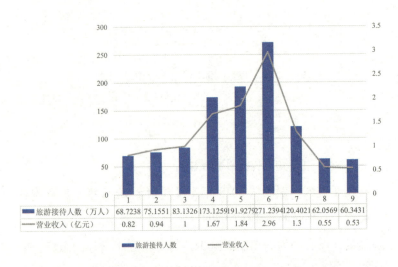

	1	2	3	4	5	6	7	8	9
■ 旅游接待人数（万人）	68.7238	75.1551	83.1326	173.1259	191.9279	271.2394	120.4021	62.0569	60.3431
— 营业收入（亿元）	0.82	0.94	1	1.67	1.84	2.96	1.3	0.55	0.53

■ 旅游接待人数　　— 营业收入

图 5-6　实施门票新政后凤凰古城旅游公司的经营情况

数据来源：凤凰县旅游工作办公室提供

5.3.5 "门票门"的取消

"门票新政"的起因是利益的重新洗牌，而它的取消，也是由于合作经营公司在利益分配问题上始终无法达成一致。导火索之一在于政府向企业收取的"两费一金"。"门票门"是边谈判边施行的，在谈判中，政府希望从 148 元的门票中收取 33

元作为"两费一金",即资源有偿使用费、旅游宣传促销费和价格调节基金,再加上原本就要上缴的营业税、所得税等,门票收入中政府约征收40%。而2015年10月,湖南省公布行政事业型收费目录清单,资源有偿使用费、旅游宣传促销费都没有被纳入其中。2016年1月,国务院决定从2月1日起停征价格调节基金。根据湘西土家族苗族自治州的实际情况,凤凰县政府仍然希望从古城门票中获得同比例的收入,而凤凰古城公司则认为政府此举没有合理的法律依据,资方与政府无法达成一致。此外,三大经营主体内部也同样产生了利益纷争,城乡旅游公司认为"一票制"的推行大大削减了乡村游景区应有的门票收入,凤凰古城公司认为南华山景区创造效益过低无法实现其原定的分成比例,而景区管理公司认为门票收入与庞大的管理营销费用之间无法实现收支平衡。2016年3月27日,凤凰县政府致函三家合作经营公司,决定暂停"围城收费"。2016年4月10日,暂停景区验票,保留景点验票模式。至此,凤凰古城的经营管理改革方案最终流产。

此后三年,尽管凤凰县的整体旅游接待人次逐年上升——2017年和2018年全年共接待中外游客分别为1500万人次和1800万人次,但凤凰古城公司的旅游经营效益却出现断崖式下跌,景点购票人数从2015年的最高峰271万人下跌至2018年的60万人,门票收入从2015年的最高峰3.7亿元下跌至2018年的5290万元。自门票新政结束后,乡村游、凤凰古城以及南华山等各个主要旅游公司主体也开始各自为政。2016年12

月，祥源控股集团有限责任公司与凤凰古城达成投资合作协议，曾谱写凤凰旅游辉煌历史的叶 WZ 先生也已逐步退出了凤凰古城的舞台。实际上，基建和房地产背景出身的祥源控股集团作为凤凰古城旅游的"接盘侠"并无力于凤凰古城的经营管理，古城公司作为古城旅游管理的主体，不得不投入更多的行政力量整顿古城内外旅游之需，但却仍无法解决古城旅游的内外交困。凤凰古城旅游今后该何去何从，成为古城各个利益相关主体共同关注的焦点，也是古城当前面临的最紧迫的可持续发展问题。

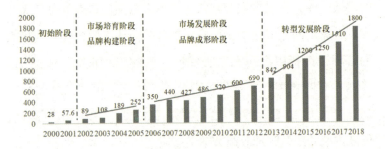

图 5-7　凤凰县历年游客量

数据来源：凤凰县国民经济与社会发展统计公报

5.4 "门票门"事件的反思

5.4.1 "门票门"事件的本质

凤凰门票新政的本质是，随着外部社会经济条件变化，政府和企业寻求机制变通以突破旧有体制的束缚，因地制宜而进行的一次制度创新，它是党政主要领导干部和核心经营主体尝试探索凤凰下一步发展的过程。其核心是利益关系的变化和调整，是有关古城保护的各种资源不断整合，各利益相关主体在古城保护方面的权责利关系不断调整并逐步得到清晰界定，各种制度安排不断建立，保护绩效不断提高的历史过程。

第一，利益重新洗牌。在这种利益调整中，党政一把手和企业一把手是"1+1 < 2"或"1+1 > 2"的关系，并不存在"1+1=2"的情况。在牌局中，各利益主体是零和游戏，政府和龙头企业的增量是建立在散小差弱的导游、司机、旅行社和现场拉客等非组织关系的庞大群体的分散利益之上的。由于有关成本主要集中在制度变迁初期，而经营模式升级所带来的各种收益无法马上兑现，所以门票新政执行初期最为艰难，必须认真解决好包括有关利益格局调整在内的各种问题，确保新旧模式的平滑过渡。随着改革红利的逐步释放，总体局面会日趋稳定。

门票新政前：

1. 2009—2012 年，游客人数为 220 万（690 万人次）；

2. 每位游客都买门票，考虑老人、学生等特殊群体，平均下来100元/人。

门票收入：220 万×100元= 22000 万元 = 2.2 亿元

凤凰古城公司门票收入：0.8亿～1 亿元

资金流失：2.2–1=1.2亿元

门票新政后：

1. 2013 年后，游客人数达 150 万人次；

2. 每位游客都买门票，考虑老人、学生等特殊群体，平均下来120元/人。

门票收入：150 万×120元= 18000 万元 = 1.8 亿元

凤凰古城公司门票收入：0.8亿～1 亿元

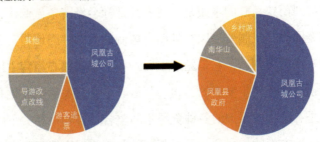

图 5-8　凤凰古城门票新政前后利益分配比较

数据来源：凤凰古城公司内部统计

第二，经营模式转变。表面上看，门票新政背后的运营逻辑是为了改变旅游秩序混乱的现状，保护凤凰古城生态资源，提升旅游承载能力和服务能力，将旅游产业发展转化为城市的转型升级。潜意识中却是想学习乌镇的统一运营管理模式，构建可控的综合管理服务体系，也学习西塘保留原住民，构建"生活着的千年古镇"。实际上，凤凰也考虑过采用丽江的模式，但在湖南省物价局征求意见时被否定，认为"向酒店、餐饮等服务业开征古城维护费不符合优化经济发展环境的政策要求"。

表5-2 古城收费类型

收费类型	景点通票	古城维护费	古城门票	城市内部平衡
典型案例	山西平遥（16个景点通票150元）	丽江（80元）	凤凰（门票新政期间）、乌镇、周庄、西塘	苏州古城、杭州西湖
景区特点	景点众多且十分突出	景点众多且空间分散	景点不够突出	经济发达、外来游客消费高
收费模式	免进入门票，内部多景点打包收费	观光游客免费，住宿游客收取古城维护费	对所有进入古城的游客收取门票	免费，依靠土地增值、税收等回收古城保护投入

第三，凤凰县政府与凤凰古城公司之间的关系。凤凰古城公司成立之初就成为吸纳就业的主力军，也是培养本土人才的储备库。小县城、不发达地区的人情社会网络复杂、人员流动性小，公司的行政决策不可避免地与当地社会发生较大关系。同时，政府组织的个人诉求在企业身上也会有所体现，企业和政府的关系就相当于社会学意义上的"量子纠缠态"，彼此行为相互影响。另外，海森堡的"测不准原理"与具体工作中的

"不好说，说不准"有异曲同工之妙。企业的重大决策，特别是需要各级理解执行的重大决策，都绕不开当地的社会、经济、人文环境。在非封闭体系内的指令或者输入都需要考虑系统环境，但是系统的人文环境又无法量化或标准化，这就十分考验企业家的精神与能力。企业家需要评估决策推广的时机，判断其状态是否与当时的人文环境相匹配，并且要做好各方面的准备，如人才、思想、观念、物质乃至信心的准备。很明显，凤凰古城公司在此领域从一开始就缺乏准备，一直在被外部环境推着往前走。

5.4.2 凤凰古城的理想构想

虽然门票新政已经试水，但笔者作为职业经理人关于凤凰旅游和凤凰公司走向的思考却没有停止。如果门票新政执行效果好，运行三年以后，各利益主体均能平衡、妥协和接受，那么下一步凤凰古城该如何走？凤凰旅游怎么转型？笔者认为，最理想状态下应该是"三步走"。而今三年的门票新政还只是践行了第一步，第二步的交通分城和第三步的电子围城都只是冒出了一点芽。

（1）第一步：政策调整

- 整合公司资源：将18家乡村旅游公司整合为凤凰县城乡旅游有限责任公司，将凤凰古城公司、南华山公司、城乡旅游公司整合为凤凰古城景区旅游管理服务有限公司。

- 调整利益关系：政府与企业层面调整权责利关系，政府与企业层面确定分配方式。
- 出台门票新政：制定《凤凰县旅游景区门票管理办法（试行）》及其实施细则，召开新闻发布会，正式执行门票新政。

（2）第二步：交通分城

- 统一售票服务：建立一个游客服务中心，修建景区验票服务点，游客中心建设售票系统、交通调度系统、信息系统。
- 统一游客换乘：修建一个城北停车场，修建十个停靠站点，建设一支游客接驳车队，划定居民临时停靠点。
- 交通内外分城：修建一条绕城公路，修建五条接驳车道，修建入城门和城口服务区，实施《机动车辆通行办法》。

（3）第三步：电子围城

- 实施电子管理：建立统一无线覆盖网络，发放游客卡和居民卡，绑定居民身份证，对游客和非游客进行有效甄别。
- 建立智慧凤凰：通过统一的数据平台、统一的身份识别、统一的无线覆盖，搭建政府应用，如游客踪迹管理、交通车辆调度、食品安全溯源、防灾减灾救治；搭建企业应用，如市场评价体系、电子语音讲解、业态营销推送、自媒体推介应用。

从凤凰古城旅游目的地的管理上来看，第一步，政策调整，调整的是利益关系，将违规旅行社、黑导黑店、诸多乡村游公司等分散的、不能转化为城市产能的低经济效能转化为以凤凰古城景区旅游管理服务有限公司为主体的可以转化为城市产能的高经济效能；第二步，交通分城，调整的是服务路线，将违规旅行社、黑导黑店、诸多乡村游公司提供的路线转化为"必选古城消费项目＋可选乡村游消费项目"相结合的新路线，有效打击改点改线、坑客宰客行为，通过交通接驳对客流形成有效的引导与规范，通过掌控渠道的主导权而确保古城的游客流量；第三步，电子围城，调整的是服务管理，整治的是凤凰古城景区旅游秩序混乱的现象，通过智慧旅游管理打击恶性竞争，规范市场行为，改善游客体验，提高市场口碑。

　　通过三步走的实施策略，可以看出其基本路径图：项目实质上是"调整利益关系→调整服务路线→调整服务管理"三步转型；公司实质上是"门票管理公司→交通枢纽体系建设服务公司→数据管理公司"三步转型；产业实质上是"旅游服务业→城市建设服务业→基于目的地客流的大数据产业"三步转型。

附件 C 古镇土地及资产开发全流程图

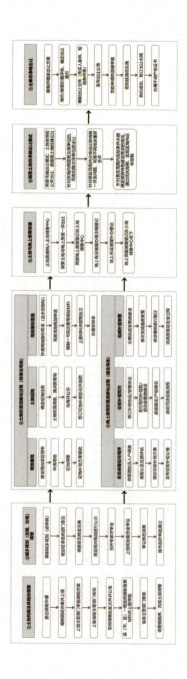

致　谢

　　第一次有人要求我把工作记录下来是在 2010 年 5 月。在我初赴凤凰任职时，时任湖南省委宣传部副巡视员、省文产办主任蒋祖烜先生握着我的手，言辞殷切道，做工作产生实效是基本要求，但如果能记录下来，则长效深远。蒋先生虽是省委领导，诸事繁忙，但笔耕不辍，著作丰厚，有诗歌，有散文，有译注，也有论文。我最喜欢的一本是《念楼骄》，这本书体现了他对建筑文化和审美由情入理的独到领悟；另一本是《香樟日记》，写尽了长沙城韵。一个行政官员对城市、文化与人的关系有如此深刻的理解，何尝不是时代幸事，我辈幸事？可惜那时的我还是个懵懂少年，能力和沉淀都不够，只能把这番寄托埋藏在心底。《特色旅游小镇案例解析》已编纂完成，临出版印刷之际，我愿以不变的初心向蒋先生致敬，真诚感谢其勉励和寄望。

中信产业基金一位投资副总裁曾说过一个观点，对我影响深远。他说如果要把一件事做成，就要做成平台，做出内生动力，平台思维要胜过斗争思维，让相关者都能得到对应的诉求满足。是的，文旅行业更是如此。从凤凰到蔚县，从开平到南充，这条铁律一直烙在我脑海里，时时事事践行着。本书的成稿也是九州十里团队集体努力的成果，第一、四、五章内容是基于郑艳芬博士协助编写的 MTA 案例分析课程 PPT 编著而成，第二、三章内容则基于卓少冰协助编写的 MTA 案例分析课程 PPT 编著而成，他们对本书的原创做出了重要贡献。郑艳芬博士作为九州十里系列丛书的主编，自身任务本就繁重，还统筹着本书的选题、修订与校对，并安排研究院的小伙伴共同助力：梁舒婷主要负责第一、二、四章节内容的编辑，王思佳主要负责第三、五章节内容的编辑，尹日负责全书的排版校对。我的朋友周鸣岐对第一章内容作了重要修改和补充完善，凤凰"门票门"事件主要负责人之一周建良对本书第五章也有贡献。在此一并感谢！

目前，中山大学旅游学院的旅游与休闲学科是全球第四、中国国内第一的学科，学校为了培养学生的能力，把我这种市场一线、行业一线的实践者也吸收进来，要求我把工作经验和行业实践放在课堂上跟 MTA 学员一起讨论，教学相长，相互促进。商学院把学术研究与实践相结合的做法引入文旅这个小众行业，体现了学院的气度与自信。因此，感谢牵引人创院院长保继刚教授，感谢负责人何莽教授，感谢张超老师和杨娅老师的精心组织和安排，使 MTA 案例教学实现从无到有，并最终诞生了《特色旅游小镇案例解析》这本小册子。

最后，我还要将此书献给半岁的女儿知予，看到她，一切辛劳便烟消云散。

彭耀根

二〇二一年二月十三日